たった独りの外交録

中国・アメリカの狭間で、日本人として生きる

加藤嘉一

晶文社

装幀　岩瀬聡

まえがき

10年間の個人外交録

気づいたら、10年以上もの月日が経っていた。

11年前、何者でもない、何も持たない、何も知らない加藤嘉一は、高校卒業後18歳で中国・北京へと向かった。北京大学への留学のためだ。父親・母親・弟・妹の4人が成田空港まで一緒に来てくれて、僕を送り出してくれた。

期待20%、不安80%のコンディション。北京行きの中国東方航空の機内へと乗り込んだ。機内では母親がくれた手紙を読みながら、涙した。

そこには、

「なにか特別なことをする子だと思っていました」

と書いてあった。18歳で日本を飛び出したことも、僕を産んでくれた母親にとっては想定内のようだった。

その手紙はいまでも北京の書斎に大切に保管してある。

ぼくが世界を目指そうと決意した原点を示す道標のような存在として。

中国語の勉強は、きつかったけど楽しかった。２００３年の春、中国はＳＡＲＳという伝染病で大混乱に陥り、北京の状況は特に深刻だった。北京大学内でも感染者が出てしまい、当時はほとんどの授業が休講になったと記憶している。

「ラッキー」

僕は直感でそう思った。

ほとんどの日本人は帰国してしまったから、中国語漬けの生活をするにはもってこいの環境が自然に出来上がった。辞書とにらめっこしたり、「人民日報」を読んだり、文法や語法を勉強したり、ラジオを聴いたり、北京大学の学生と発音の練習をしたり、道端でアイスを売っているおばちゃんと会話をしたり、とにかく考えつくあらゆる方法を使って、中国語学習を生活の中に組み込んでいった。お金がなかったから、無料のやり方を通じて。

語学はお金をかけなければかけないほど伸びる。

僕の語学観は北京で形成されていった。

北京大学は思いがけなく国際的で、多様性に富んでいた。世界中から集まったいろんな問題意識と価値観を持った人たちが、北京大学で学んでいた。所属した国際関係学院のクラスメートには、ロシア人、シンガポール人、韓国人、ベトナム人、インドネシア人、カザフスタン人などがいて、共に中国語による授業や課題に挑んだ。

高校生時代、英語と世界史が好きだった僕は、将来国際連合で働きたいというささやかな願いを抱いていた。いまだに実現できていないが、「英語と中国語を同時に習得したい」と目論んでいた当時の僕にとっては、北京大学というプラットフォームは願ってもない舞台だった。宿舎では英語を、授業では中国語を使ってさまざまな学友たちと向き合う機会に恵まれた。そこで過ごした時間と空間は、本当の国際連合みたいだった。

学業の傍ら、発信者・言論人として社会的に活動する舞台を提供してくれたのは、中国の改革開放と激動の日中関係という、転換期における巨大な潮流だった。幼い頃から、五感で何かを感じて、頭のなかで何かを考えたら、それを何らかの形で表現するというスタンスを貫いてきた僕にとって、日本語だろうが、中国語だろうが、英語だろうが、自らの言葉でアウトプットすることにためらいを覚えたことはかつて一度もなかった。自然なプロセスだと捉えていた。

取材や執筆やテレビなどで忙しくなりすぎてしまい、学業は疎かにはしなかったけれど、大学のクラスメートと心を触れ合わせる時間は大幅に削られてしまった。孤立する自分に酔っていた時期もあった。今から思えば、未熟で無知な、調子に乗った単なるガキに過ぎなかったのだと切に感じ、自らを恥じ、反省している。

大学の4年間は、人生で最も自由自在な青春時代だと思う。いま大学生活を送っている人たち、これから大学に入る人たちには、ぜひ僕を反面教師として、「大学時代にしかできないこと」に思いっきり取り組んでほしい。

中国の言論市場にどっぷり浸かってみたからこそ、中国の体制や国情、そして民族性を知ることが可能となったのも事実だ。社会主義、共産党一党独裁、イデオロギー、プロパガンダ、言論統制、愛国教育といった中学高校の教科書や、歴史の先生による授業、メディア報道などといった間接的な情報源からでしか聞いたことのない中国共産党体制における魔物たちと、ガチンコで直接勝負ができたことは僕にとって大きな意味を持つ体験だった。

実体験ほどしたたかな情報源はない

これも僕の教訓だ。

中国人のメンタリティのなかに空気のように流れる「反日感情」という代物は、僕にとって避けては通れない相手であった。罵声を浴びせられるのは当たり前。日中関係が悪化すれば、僕が罵倒の標的になることも時の流れとともに必然性を帯びていった。さすがに心地よくはなかったが、それはそれでかけがえのない経験だと前向きに捉えた。有り難くも思えるようになった。

周りとちょっとでも違う人間をいじめたり、排除したりする空気が蔓延している日本。多数派は常に正しく、少数派を見えない暴力で飲みこもうとする日本。そんなふうに主観的に感じていた日本が、幼い頃から大嫌いだった。祖国に対する嫌悪感が、僕の中国行きをプッシュしたという側面は否めない。

それでも、中国に行ってから、言論統制と反日感情の中で、中国の人たちとコミュニケーションを取る過程で、僕は次第に日本に対する思いを強くしていった。「日本を知ってほしい」、「日本を理解してほしい」、「日本を好きになってほしい」、そういう希望を中国の人たちに対して持つようになっていったのである。それは、自分でも不思議なほどに、胸の奥底から溢れ出る泉のような感情だった。

僕は「ここは中国」という環境を背景に、「わたしは日本人」という事実を自覚し、「いまはグローバリゼーション」という時代の潮流を噛みしめるようになった。〝いま〟・〝ここ〟・〝わたし〟という、この世界に、この時代に生を授かった自分が生きていくために最低限必要不可欠な、弁証法的関係を成す3つのファクターの本質をようやく自分なりにつかむことができたし、どんなときも、それらに対して全力でぶつかっていくことが人生の目標になるという真実が、胸の奥底にストンと落ちた。

僕の言論が物議を醸すことはしばしばだったし、そのたびに緊張し、硬直し、世論からの巨大な圧力を感じずにはいられなかったが、異国との対話を通じて、この時代にこの世界で暮らす自分が、どういうアイデンティティをもって、どういうアプローチを通じて、何処にポジショニングしようとしているのかを、より真剣に考えることができた。

僕が中国で奮闘するなかで心から楽しいと思えたのは、全国各地の大学を講義で回りながら、中国の大学生たちとガチンコで議論ができたことだ。中国が今日抱える問題や解決策を議論しながら、そこで暮らす僕たちは何に取り組み、困難をどう克服していくべきかを共に汗を流しながら話し合った。

いま起こっていること、これから起ころうとしていることは、僕たち自身の問題であり、当事者意識を持ってそれと向き合わなければならない。

こちらが困惑してしまうほどに、一切の遠慮を排して真正面からぶつかってくる彼ら・彼女らとのガチンコ議論こそが、僕が一番大切にしたいと思った宝物であり、と同時に、これからも中国問題に向き合い、中国の人たちと付き合っていく上でのモチベーションを与えてくれるものだった。

2012年上半期は、9年間過ごした北京を離れ、上海で過ごした。復旦《フーダン》大学のジャーナリズム学部で一学期間《異文化コミュニケーション》という授業を受け持ちながら、上海で暮らし、学ぶ学生たちと議論をしたり、一緒に走って汗を流したりした。北京は僕にとって第二の故郷であり、オルタナティブは存在し得ないが、上海は自分が想像していた以上に心地よくて、復旦大学の宿舎で過ごした半年間という時間は、僕に人生の美しさを教えてくれた気がする。それだけ静かで、安らかで、朗らかな時間と空間だったのだ。

上海を離れ、日本で少しの間過ごしてからは、ついにアメリカ合衆国の大地を目指すことになった。国連職員になりたいと願っていた高校生時代から常に頭のなかに存在し続けた標的である。正直言うと、北京大学の学部を卒業したあたりで渡米したいと考えたこともあったが、中国での言論活動が忙しすぎて、かつ「これは今しかできないことだから、転換期にある中国で思いっきり暴れよう。アメリカは今年行っても3年後に行ってもそんなに変わらないんだから」と思い、ずっと先延ばしにしてきたのが僕にとっての渡米というイベントだった。

18歳で北京へ向かった時と同様に、28歳で米国へ渡った加藤嘉一は何者でもなく、何も持たない、何も知らない人間だった。あえてイチから、誰も知らない場所で自分と向き合い、自分を鍛えたいと思った。

人生はリセットできないけれど、リスタートならできる。

ハーバード大学に身を置くことができたのは幸運だった。北京大学とハーバード大学、米中両大国におけるポジションは相似していて、比較対象として面白い存在だった。米中関係のいまとこれからを考えるにはもってこいの「現場」であった。

特に2012年8月末にハーバードに来て間もないうちに、日本政府が尖閣諸島を国有化し、その後米国でも日中関係は議論の対象であり続けた。そのプロセスにコミットできたことは僕にとって貴重な財産となったし、米中の狭間で日本はどういう戦略をもって、どう生きるかという、最も関心のあった現実問題を身体で考える機会を得ることができた。

ハーバードでの日々は、上海復旦大学での日々以上に静かで、安らかで、朗らかだった。

2003年から2013年という、祖国を離れてからの10年間、僕は常に時代と環境に恵まれた。神様はいつだって「幸運」という名の女神を僕に与え続けてくれた。苦しいこともたくさんあった。いろんな壁にぶつかった。心が折れそうになり、頑張ることを放棄しかけた時期だって正直あった。

それでも、幼い頃から心のなかでイメージしてきた「世界のいろんなところに行って、いろんな人と話をして、自分の考えていることを世界の人たちへ伝えたい」という願いを実践できている現状を心から嬉しく思っている。僕は幸運な人間だ。僕を支えてくれているこの時代、この環境、そして、すべての人々に感謝したい。

僕はあくまで一個人として活動している。

いろんなところのいろんな組織と一緒に仕事をしているが、肩書は「加藤嘉一」だけだ。バックには誰もいないし、最後は自分で何とかするしかない。

「加藤さんは自由でいいねえ」ってサラリーマンたちから羨ましがられることがしばしばあるけれど、実際はそんなに気楽じゃない。常に生死をさまよっている感じで、綱渡りみたいで、心臓はいつだってバクバクしている。

でもこれがたまらない。理由はひとつ。

「生きている」っていう感じがするから。

それだけだ。

国境を越えてぶつかってきた壁はどれも高く、固く、厚かった。中国では反日感情、言論統制、中国共産党などにぶつかった。渡米後も、なかなかアメリカ的な人間関係に慣れることができず、自らのアウトプットやパフォーマンスを現地の知識人に効果的に伝える方法を見いだせず、苦労した。「ここは中国じゃない。アメリカなんだ」と毎日自分に言い聞かせた。

個人でしかない僕が、外の世界と付き合い、壁にぶつかり、跳ね返されたり、時に突破できたりというプロセスは、少なくとも自分にとっては、「個人外交」と言える興奮する体験だった。そこには、国家、体制、国情、価値観、時代、環境、民族性、国際関係、人間、文化……などあらゆる要素が詰まっている。ジグソーパズルみたいに複雑な迷路を突き進むことは生半可なことではなかったし、未熟で無知な僕にとっては荷が重すぎた、と今でも思っている。それでも、10年間という時間を「この仕事」に捧げたことは、己の歴史としていつまでも残り続ける。そうであってほしい。

その「個人外交録」を、僕なりに記憶をたどりながら書き綴ることが本書の目的だ。記憶はいつか消えてなくなってしまう、とは思わない。それでも、記録しておくのも悪くない。記憶を整理するのに記録するプロセスが役に立つこともあるだろうと思い、本書を執筆しようと決心した。

その過程で、18歳で中国に向かい、28歳でアメリカへ向かった僕が、旅路で常に考え続けた日本の姿、カタチ、そして、これから祖国とどう付き合うかという僕にとっての未来問題についても、少しだけ考えてみたいと思う。

2014年2月18日　ケンブリッジの自宅にて

たった独りの外交録　目次

おわりに　そして、これから祖国とどう付き合うか――313

◉北京　2012

第1章

三無状態からのスタート

生きている過程で、あるいはこれまでの人生を振り返ってみて、「あの場面であの判断は正しかった」が「あの場面でこうしておけばよかった」を凌駕する人は果たしてどのくらいいるだろうか。

前者は必ずしも勝利を意味するわけではなく、後者は必ずしも後悔を意味するわけではないけれども、少なくとも僕にとっては、後者のほうが圧倒的に多い。感覚的には2対8くらいで。

中高時代に取り組んだ陸上競技では全く結果が出せなかった。中高一貫で通った山梨学院大学附属中学高等学校には素晴らしい環境があったし、先生やクラスメートは温かいサポートをしてくれたけれども、自分の中でメリハリをつけることができず、どっちつかず、中途半端に終ってしまった。文武両道が聞いて呆れる。

北京大学学部・大学院時代には、メディアや論壇での執筆や発信に忙しくしすぎてしまい、大学での勉強やクラスメートたちとの議論に十分な時間を費やすことができなかった。人生で唯一と言っていいほど自由自在な青春時代を、ただ格好つけて社会人っぽく終えてしまった。あの時間と空間は永遠に戻ってこない。

ハーバードに来てからは、積極的に地域コミュニティに参加して、アメリカ社会を草の根レベルで体感したいと思っていたのに、シャイで内気な僕はどうしてもこもりがちになってしまい、一人の時間に酔ってしまう。お出かけ好きな自分はいつもどこかに行ってフィールドワークをしているけれど、基本的には一人でぶらぶら散策することが多い。人見知りだから、見知らぬ人に話しかける勇気もあまりない。

そんな僕にとって、これまで生きてきた中で、ピンポイントで「あの判断は正しかった」と断言できるエピソードがある。

〝三無状態〟で中国へ向かったことだ。

- 言葉が話せない。
- お金を持たない。
- 誰も知らない。

僕にとっての〝三無状態〟とはこういうコンディションを指す。

中国語も「ニーハオ」といった挨拶以外ほとんどしゃべれず、お金も3ヵ月くらいキツキツでなんとか暮らせるくらいしか持たず、中国の知人や友人はおらず誰にも頼れない、という状況下で僕の北京生活は始まった。

いま振り返れば、本当に大変だったし、苦労した。

北京国際空港に到着し、ロビーを出ると、天空は黄砂で黄色に染まっていた。

「なんか異次元の空間に来てしまったな」

無意識のうちにそう感じた。

北京大学への行き方など当然分からず、当時は空港と市内をつなぐモノレールもなかったから、お金を惜しみつつも仕方なくタクシーに乗って、運転手さんには「北京大学」と記した藁半紙を手渡した。

中年男性の運転手さんは煙草を吸いながら運転していた。おそらく何日もシャワーを浴びていないからか、体臭は「凄まじい」という形容詞でしか修飾できないくらい臭っていた。

結構な渋滞もあり、結局1時間くらいを要してようやく北京大学内に着いた（後になってグーグルマップで調べたら、距離にして約35キロ）。

僕は120元（当時のレートで1500円くらい）を運転手さんに手渡した。その後分かったことだが、120元はいくらなんでも高すぎで、おそらく運転手は金欲しさに遠回りをしたのだろうということだ。

北京大学の「勺園《シャオユエン》」という留学生宿舎には、事前に予約のような連絡は入れていたが、登録は完了されておらず、窓口のような場所にいたおばさんからは「部屋はないよ」と突き返されてしまった。もちろん、何を言っているのかはさっぱり分からない。仕草やジェスチャーのみに頼ったコミュニケーションだった。

北京大学に着いたのは夕方5時頃だったが、とりあえず住む場所は確保しないと野宿になってしまうから（覚悟はしていたが）、なんとかおばさんにしがみついて、「ダメ元でベッドが空いていないか探してくれ」というオーラを出してみた。

すると、おばさんはすごく面倒くさそうな表情をしながらも、重い腰を上げ、鍵を手にして階段を登っていった。僕は地べたに腰を下ろして待つことにした。

予想はしていたけれど、言葉は通じない、助けてくれる人もいない、見知らぬ土地に来たのだから、最初から物事がスムーズに進むはずがない。

「この先どうなるか分からない」という不安と、「未知のこれからを楽しもう」という期待が入り混じった、ジレンマのような心境に僕は陥っていた。

吐きそうになった白米

しばらくすると、おばさんが帰ってきて、「ついてきなさい」というサインを放ってきた。なんだか解放されたような気分になって、おばさんの背中を見ながら2階へと上がっていった。

自分が生活し、お世話になった場所をこんなふうに言うのはよくないかもしれないけれど、そこはアンモニア臭に満ちた、薄暗い、建てられてからかなり長い時間が経った病院のような雰囲気の空間だった。

ドアを開けて、部屋に足を踏み入れると、おばさんは無愛想な表情を崩さないまますっさと僕から離れていった。

「あとは勝手にしなさい」とでも言わんばかりに。

まるで僕を疫病神だと言わんばかりに。

8畳くらいの部屋には誰もいなかった。足の置き場もないくらい散らかっている。生活感もある。直前まで誰かが住んでいたのかもしれない。というより、現在進行形で誰かが住んでいるのかもしれない。

ベッドはひとつしかない。とりあえず荷物を下ろして、軽く整理をして、しばらく途方に暮れた。

「僕はこれからここで暮らしていくのか」

特にお腹が空いていたわけではないが、何かお腹に入れようと思い、階段を降りて1階にある食堂に向かった。300人は入るんじゃないかという大きなホールのなかにある食堂は、お客さんがほとんどおらず殺風景だった。

それでも厨房には作業をしている人が何人かいたし、ガラス越しに食べ物も見えた。人民元を渡して（確か10元くらいだったと記憶している）、炒めもの二つと白米を銀色のおぼんに盛ってもらった。

一人虚しく食べ始める。

おかずは冷めていた。やけに油っこい風味が、僕に「中国に来たんだな」という感覚を一層植えつけた。

「やっぱり日本で食べる中華料理とは違うなぁ」

山梨県甲府市で過ごした中高時代、中央線酒折駅の近くにある「山海楼」という中華料理屋にクラスメートと頻繁に通いつめたが、あそこの定食と気合い入りまくりのおばちゃんの顔が猛烈に懐かしくなってきた。

油っこさを消すべく白米を口に入れると、今度は吐きそうになった。

味が全くなく、冷たくて、ボソボソしている。

「こんなまずい白米があったのか……」

もしかすると、僕がこれまで口にしたものの中で一番まずかったものかもしれない。

母親や友人はよく知っているが、僕は基本的に誰が作った食べ物も「まずい」と言わないし、思わない。与えられたもの、あるものを美味しく食べる。

その後、中国国内の出張で頻繁に飛行機を利用することになるのだが、一緒に搭乗したことのある複数の知人から「機内食をそんなに美味《うま》そうに、残さず食べる人見たことないよ」と驚かれ、引かれ、からかわれたものだ。

そんな僕が心から「まずい」と感じ、食欲を完全に奪われてしまった。なんとか気合で完食し、「自室」に戻る頃には辺りは暗くなっていた。鍵を開けて、部屋を明るくしようとしたが、今度は電気が点かない。何回も試してみたが、一向に反応がない。

「またあのおばさんと交渉しなくちゃいけないのか」

またまた途方に暮れたが、僕にとって頼れるのはあのおばさんしかいない。駆け寄ってできる交渉をするしかない。

ジェスチャーで危機感を示し、なんとか問題の所在を伝達することができた。おばさんは「ちょっと待ってて」というサインをし、どこかへ行ってしまった。

少しすると、角刈りのおじさんが一人でやってきて、僕に挨拶をするわけでもなく、無愛想な表情で部屋の電球を取り替えてくれた。

またまた解放された気分になった僕は、発音が正しいかどうかも分からない「謝謝《シェシェ》」で感謝の意を表した。おじさんには無視された。

「やっぱり社会主義の国で暮らす人にはサービス精神とか関係ないのかな。〝やらされてる〟っていう気持ちで仕事をしているのかな」

そんなふうに一瞬思った。

中学3年生のときに修学旅行でオーストラリアに2週間滞在したが、その時はホームステイ先の家族がいたり、先生やクラスメートが側にいた。

楽しかったし、すべてが新鮮で、安心感もあった。

二回目の海外生活となる今回は全く違って、寂しく、不安だらけで、孤独感に陥った。

急に日本語が懐かしくなり、よく知っている誰かの声が聴きたくて、1階にある売店でＩＰカードを買ってきて、部屋に備え付けの赤い電話に向き合った。国際電話だから料金は高いと分かっていたけれど、どうしても恩師の声が聞きたかった。

直接授業を教わったことはなかったけれど、進路や人生観を含め、いつも親身になって相談に乗ってくれた英語の先生だ。僕が北京へ行くことを打ち明けたときも、「自分で決めたことなら全力で取り組みなさい」と背中を押してくれたのが宮川典子先生だ。

年齢は僕とそんなに変わらないが、いまは山梨県選出の衆議院議員として国政に携わっている。当時から「教育で日本を変えたい」と意気込んでいたから、宮川先生が選挙で当選することができて、教え子として自分のこと以上に嬉しかったし、これからも切磋琢磨して高め合っていければと思っている。

宮川先生に活を入れてもらい、少しだけ元気になって、気持ちを落ち着けつつ、床についた。

布団は微妙な匂いがしたし、決して寝心地がいいとは言えなかったが、それでも早朝に山梨の家を出て、なんとか異国の地に辿り着き、同じ日の夜に目的地である北京大学で寝床につけたことに胸を撫で下ろした。

僕は寝ることに関しては自信があって、どんな時も、どんな状況でも速攻で眠れてしまう。数少ない才能だと自覚している。その後、日々中国各地、そして世界各地を渡り歩く中で、どれだけ辛くて、心が折れそうになってしまったときも、眠れなかった日は一日もなかった。むしろ、辛ければ辛いほど、「とにかく早く寝て、気持ちを切り替えよう」という心理が働くからか、いつも以上にぐっすり眠れてしまう。

〝個人外交〟を展開するうえで、「いつでもどこでも速攻で深い眠りにつける習慣」は、常に僕の中で武器で在り続けたと思っている。

深夜の突然のノック

何事もなかったかのように長い一日を終えるものだと無意識に思っていた。

頭のなかを空白にしようとリラックスを心がけていると、突然僕が眠っている「自室」のドアがノックされる。

僕は飛び上がって起きる、というよりは湿った布団の中で「おいおい、今度はなんだよ」と怖じ気づいてしまった。

ノックの音は止まない。それどころか次第に大きく、強くなっていった。どうやらドアを殴っているようだ。蹴っていたかもしれない。

1分くらいが過ぎた。

「やばいなあ。でも、このまま居留守を使うわけにはいかないな」

恐る恐るそう判断した僕は、決して広くない部屋をゆっくりと歩きはじめ、ドアに近づき、閉めていた鍵を開けた。

目の前には息をハアハア切らした外人がこちらを睨みつけながら立っていた。僕は英語で「どちら様ですか?」と尋ねようとしたが、彼は「なんでお前がいるんだ?!」というような様相をしていた。瞬間的に、

「もしかしたらここの住人かもしれない」という思いが脳裏をよぎり、

「Good evening sir, I have just lived in. If something wrong, I am sorry for that」と反射的に謝ってしまった。

すると、先方も少し苛立ちが収まったようで、「おっ、なんだそういうことか」という表情をしながらも、「Do not lock the door」と僕を叱ってきた。

やはりここの住人だったのだ。

ドアにはロックが二つあって、ひとつは外から鍵を使って開けられるもの、もうひとつは中からしか開けられないものだった。僕は両方を閉めてしまっていたために、この住人は鍵を持っているにもかかわらず中に入れなかったというわけだ。

「自分の部屋に見ず知らずの人間が勝手に住み込んで、しかも中から鍵をかけられれば怒るの

も当然だよな」と頭のなかを整理して、もう一度頭を下げて謝罪した。そして、僕が今日北京に到着したこと、右も左も分からず、宿舎のおばさんの指示に従うしかなかった背景を英語で説明すると、住人は笑顔になり、「それは大変だったな」と言って、僕の右肩をポンポン叩きながら労《ねぎら》ってくれた。

僕は寝るのを中断し（というかベッドはひとつしかないから、いずれにせよとりあえず中断せざるを得なかった）、互いに自己紹介をし合った。

彼の名はワリード。パレスチナ出身で国際関係学部の博士課程に在籍中とのことであった。幼い頃から世界地図を眺めるのが好きで、国際情勢にも関心のあった僕からすれば、北京という異国の地に来てから最初にまともに話をする相手が〝あのパレスチナ〟から来た人という現実から、衝撃を受けないわけがなかった。

「北京大学ってなんかすごいところなのかもしれない」

そう思った。

僕たちはしばしの間世間話で盛り上がった。初対面なのに、イスラエルとパレスチナ間の問題解決がどれだけ困難か、両者の溝がどれだけ深いかといった真面目な話までした。

「やっぱり外国人はフランクなんだな」、そんなふうに感じた。

それからワリードはかなり現実的な問題提起をしてきた。

「ところでヨシ、君が北京に到着した初日にこんなことを言うのも申し訳ないんだが、私たちがこの部屋で共同生活を営むことはできないと思う。出て行ってくれないか」なかなか直接的な表現だが、特に変な感覚は抱かなかった。

僕自身もこの部屋で暮らしていくのは「ちょっと……」と思っていたし、彼に協力してもらって、もっと整理整頓された、清潔感のある部屋に住まわせてもらえれば結果オーライだとその場で考えていた。

後で分かったことだが、僕が住むことになった勺園の1号楼〜4号楼は二人一部屋がルールになっている。しかし、多くの住人が宿舎ではない場所に住んでいる北京大学生から名義を借りて、実質的に一人暮らしをしていたのだ。

「なぜなら、私にはガールフレンドがいて、よくこの部屋にも来て泊まっていくんだ。ヨシがいるといろいろと不都合が生まれてしまうことになる。それは避けたい」

なるほど。そういうことならしょうがない。

ワリードには「明日一緒に事務室に行って他の部屋に手配してもらえないか一緒に頼み込んでほしい」とお願いした。

彼は快諾してくれ、その日は僕がベッドで、彼はソファーで寝ることになった。

初の単身による海外生活の一日目は「激動」という言葉にふさわしいプロセスだった。「生きた心地がしなかった」というわけではないのだが、緊張と不安で身が裂けそうになる場面の連続だった。

それでも、18年間日本で生きてきた自分が、ようやく「世界」を視野に入れた戦場に身を置くことができるというささやかな喜びに、心は揺れ動いていた。

パレスチナ出身のワリードが最初にできた友達というリアルが、僕に「国連に少し近づいたかな」という根拠なき観念を植えつけた。

「加藤くん、その根拠なき自信は何処から来るんですか？」

高校時代にある女子生徒からクラスみんなの前で皮肉られた言葉が脳裏をよぎる。

「根拠なき自信か……」

僕は静かに眠りの世界へと入っていった。

SARSに見舞われた北京の街で

翌日、いつもと変わらない朝を迎えた僕は、ワリードに連れられて、宿舎の部屋割りを担当している先生のいる部屋へと出向き、お願いをし、数日後に別の部屋に引っ越せることになった。ワリードとは互いにエールを送り合い（引っ越したと言っても徒歩で1分以内に会いにいける距離だったが）、別れを惜しんだ。

僕の新しいルームメートはモンゴル人で、国際関係学部で学ぶ学部生だった。お父さんが政府の高級官僚という彼は中国語がとても流暢で、よく教えてもらえた。部屋の大きさは同じくらいだが、彼は荷物が極端に少なく、必要最低限のものしか置いていなかった。しかも潔癖症とあって、授業の合間には掃除ばかりしていた。

僕は北京生活がようやく軌道に乗り始めたという感覚を抱いていた。

2003年春、中国はSARS（重症急性呼吸器症候群）に見舞われていた。香港に近い広東省から感染が始まり、徐々に北上し、その後北京は主要な感染地帯と化していった。北京大学内でも感染者が出始め、感染の疑いがある人や、そういう人に近づいたりした人は一時的に「隔離」されることになった。

「隔離」は僕が最初に覚えた難しい類の中国語の一つだった。

北京にある日本大使館からも、日本人に対する帰国指令のようなものが出されるようになった。僕の周りにいた多くの日本人はそれに従うように帰国していった。僕も一応日本にいる両親に電話をして、どうすべきか相談をした。

父親からは「それはいい経験じゃないか！　現地で思いっきり学んでこい！」と逆に活を入れられた。母親は「お父さん、飛行機代が惜しいからあんな風に言っているだけなのよ。まったくこんな時に。ヨシくん、危ないと思ったら直ぐに帰ってきなさいよ」と労ってくれた。

心配性の叔母は親切に大量のマスクを郵送してくれた。

僕は毎日ラジオでニュースを聞いていたが、当時北京で放送されていたニュースは基本的にSARSとイラク戦争に関するものばかりだった。毎日死者を含めた感染情報がアップデートされていくのをチェックしながら、北京が異常事態に突入しているのを僕は感じていた。大学内の授業はその多くが休講となり、仮に行ったとしても少人数で細々という感じであった。

死者が出たにもかかわらず、こんなことを言うのは不適切かもしれないけれど、僕は逆に異常事態だからできることもあると現状をポジティブに捉えていたし、むしろ「チャンス」だとすら思っていた。

日本人がいなくなり、授業もなくなり、世論がパンクし、街中がある意味カオス状態に陥っている。僕という人間はそういう状況でこそポテンシャルを発揮できるタイプだと昔から勝手に思い込んでいた。

実際、毎日大学のキャンパス内外を、マスクを着用してランニングしたし、朝から晩まで自分でスケジュールを組み立てながら自由自在に中国語の学習に集中することができた。具体的な学習方法・内容に関しては次章で紹介するが、ＳＡＲＳという多くの人達が不安要素・向かい風と感じていた伝染病を自ら「チャンス」と認識し、部屋にひきこもるのではなく、北京大学キャンパス付近を主な活動エリアとしつつ、思いっきり中国語学習に没頭できたことは、僕の北京生活にとっては追い風となった。ＳＡＲＳは僕にとってはホワイトナイトのような存在に見えた。

人生30年を振り返っても、あの期間ほど一つのことに全神経を集中させられた日々は他になかったと思っている。

三無状態だったからこそできたこと

僕にはお金がなかった。

父親が始めた新事業に失敗して家庭は借金まみれだったから、長男である僕が余計な負担をかけるわけにはいかなかった。可能な限り自分の力で何とか生計を立てていかなければならないと考えていた。

当時僕が考えていた戦略は、とにかく中国語を出来る限り早く習得して、翻訳のアルバイトをさせてもらおうということだった。

高校時代から日本語↔英語の翻訳はしていたから、それに加えて日本語↔中国語の翻訳ができるようになれば、食いっぱぐれることはないだろうと考えていた。

僕が自分に課した期日は3ヵ月。

3ヵ月でなんとか難しい文章を理解できるレベルまで持っていければ、翻訳の経験そのものはあったから、なんとかアルバイトをさせてもらえるかもしれない。そう思ってサバイバルゲームに挑むようなノリで、明確な目標に向かって24時間を中国語の勉強だけに費やした。

結果というか、その後の状況はほぼ僕のイメージ通りに進んでいった。

日本語－英語－中国語の翻訳業務を扱っている会社に自ら連絡をして、パートタイムアルバイトをさせてもらえるようになった。ＩＴ関連の翻訳が多かったが、英語→日本語が４割、中国語→日本語が６割といった感じで翻訳作業をさせてもらえるようになり、どうにか「餓死はしない」という環境をつくり上げるまでに至った。

中国語はゼロ、お金もない、という状況から徐々に脱出することができたのは、ある意味ＳＡＲＳのおかげかもしれない。

中国語の学習しかやることがなくなってしまったから、中国語の能力は想定以上に速いスピードで向上したと思うし、（関係者に確認したわけではないから推測でしかないが）伝染病の蔓延で多くの労働者が北京を離れてしまったからこそ、想定以上に早く、多くの翻訳作業を依頼されたのだと勝手に思っている。

２００５年、20歳を過ぎた頃から、僕は大学での授業や課題以外に、中国語を使ってコラムを執筆したり、メディアでコメンテーターを務めたりするようになる。同じ頃から翻訳だけでなく、逐次通訳や同時通訳を担当する機会も増えていった。最初は失敗したり、上手く処理できなかったりという状況にも遭遇したけれど、北京に来たばかりの頃、ＳＡＲＳという環境の中で、「サバイバル」という大義名分&基本的目標を掲げて奮闘した経験が、その後の糧になっていると確信している。

だからこそ、僕は思う。

「いまだからこそ言える」という側面は否定しないけれど、僕は〝三無状態〟で北京に来れてラッキーだった。

中途半端に中国語ができたり、人脈があったり、お金があったりしたら、僕なんて所詮レイジーで要領が悪いのろまの人間だから、おそらくあそこまで本気になって中国語学習に励まなかっただろうし、「サバイバル」というガチンコ勝負にも挑まなかったと思う。

北京大学の学生や先生、北京大学キャンパス付近のおばちゃんたちにお世話になり、随所で慰めてもらったり、助けてもらったことも幸運だった。右も左も分からない18歳の少年がたった一人で異国の地で生活をしているということで、多くの人生の先輩方が同情心から手を差し伸べてくれた。

誰も知らなかったからこそ、ひとつひとつの出会いを大切にして、かけがえのない存在として認識し、お付き合いする気持ちを持つことができた。その過程で多くを学ばせていただいた。言葉も通じる、周りに当たり前に助けてくれる人もいる日本では想像もつかない経験を異国の地ですることができた。そして、それらの経験は僕がその後一人の「個」としてあらゆる壁にぶち当たり、自分なりの外交を展開していく上での基礎となった。

結果的に……という側面はもちろん否定出来ないけれど、〝三無状態〟で北京を目指してよかった。あの時の「根拠なき判断」は正しかった。少しだけ自分を褒めてやりたい。

第２章

草の根コミュニケーションで学んだ中国語

前章でも紹介したように、〝三無状態〟からのスタートでサバイバルを展開するために、僕に残された道は「中国語を徹底的に鍛えあげること」を通じて、それを武器にすることだけだった。

とにかく中国語を身につけないと何も始まらない。餓死してしまう。ＳＡＲＳという環境を追い風ととらえた僕は、とにかく死に物狂いで中国語の習得に邁進した。

僕が中国語学習を始めて最初の３ヵ月という時期の一日のスケジュールを公開したい。ＳＡＲＳが流行っていたから、娯楽活動はほとんどなく、毎日同じ生活をしていた。僕は毎日同じトレーニングをして、同じ時間に起き、寝て、同じものを食べて、同じリズムで生活することで、安心感を持って集中力を発揮できるタイプの人間だ。

５時：起床。

5時半：街で生活する人々の吐息を感じながらランニング。
6時半：シャワーを浴びながらコンディションをチェック、一日の過ごし方をイメージし、己に言い聞かせる。
7時：饅頭と豆乳で元気を注入後、HSK（中国語能力試験）の問題集（中国語で書かれた教材）を解き始める。リスニング・語法・読解・穴埋めを一通りやる。正解、間違いを含め、全て藁半紙に書き下す。辞書を引いて派生語を書きながら、発音しながら。
10時：外出、北京大西門のアイス屋のおばちゃんのもとへ行き、アイスを食べながらリラックスムードで雑談。おばちゃんからいろんな言い回しを教わる。ネタ切れになっても気合でおばちゃんを飽きさせないように粘る。
12時半：一旦撤退、食堂でランチを済ませ、そのまま北京大学内にある未名湖畔に向かい中国語で書かれた本をリラックスしながら読む。
14時：おばちゃんの元に何気なく、自然体で戻る。雑談再開。
17時：北京大学内の某オフィスに「人民日報」を取りに行く。ついでに仲良くなった管理人さんと一時間ほど雑談。
18時：食堂で夕食をとりつつ「人民日報」とにらめっこ。
20時：帰宅後、寝る前の日課でもある辞書との格闘を開始。リラックスしながら、コンセント付きラジオを聴きながら、行き当たりばったりで引いていく。発音し、例文を書き下す。マークをつけて、派生語をひろっていく。
23時：就寝。ベッドに横になり、自分、イヤホン、ラジオ、コンセントの位置関係を確認。ラジオのスイッチをオンにし、眠りにつく。
翌朝5時：起床（大概の場合、イヤホンの位置がずれている。僕は寝相がいいほうではないから）。

注釈：①移動時間には常に電池ラジオを聴く。②3冊の辞書、ノート、ペンは常に持参。おばちゃんや管理人さんとの会話の際も随時活用。③自室にいる間、疲れたなと感じたら、中国語の音楽を聴きながら筋トレ、ストレッチで気分転換。

僕にはとにかくお金がなかった。

だから、お金をかけないで中国語を習得する方法を考えなければならなかった。18歳という年齢だったから、それなりに無理はきくと思い、ぶっ倒れるまで取り組む覚悟はできていた。習得できなければどちらにせよ餓死するのだから。

世の中、何をするにもお金がかかる。例によって、中国語学習にもお金がかかると言われる。確かに、如何なるアプローチをするにせよ、費用がかかることは避けられない。問題は、自らに与えた目的、使える時間に基づいて、どのくらいのお金が使えるのか、使おうかと決心することだと思う。

人にはそれぞれ、自分に合ったやり方がある。

僕は中国留学・北京生活という舞台を120%生かして、中国語をどれだけネイティブに近い形で話せるか、自分なりにどう応用するか、という点に主眼をおいていた。せっかく「周りが中国人だらけ」という恵まれた環境にいるのだから、とにかくこの環境に依拠して、生かしつつ、如何に少ないお金で多くの収穫を得るかが、僕にとってのテーマとなった。

一貫して取った戦法は、「現地住民との草の根コミュニケーションをとことんこなす」ことだった。これにかかるお金はほぼ皆無だから。北京には、外国人が現地の住民と長時間会話をした後、御礼にチップを渡すといったルールはなかった。

ランニングを日課とする僕は、現場までは歩いていくか走っていくから交通費は基本タダだ。中国語学習に関して、当初から現在に至るまで一貫して、辞書を読み漁ったり、新聞を読んだり、ラジオを聴いたりする以外は、基本的にこの「草の根コミュニケーション」を学習の土台にしてきた。

中国語学習そのものに費やしたお金はほとんどない。毎日購読していた新聞は大学の警備員さんと関係をつくってタダで読ませてもらっていた。ラジオはスーパーマーケットでコンセント付きのものを50元くらいで購入。中国語によって編集された『現代漢語辞典』は、古本屋で30元ほどで購入した。今でも使っている。

中国のテレビは基本字幕があり、日本人である僕には意味が分かってしまうから使用しなかった。ラジオだけで十分事足りたし、耳を鍛えるうえではラジオ一本でトレーニングしたほうがむしろよかった。

文章に慣れるため、たとえ意味が分からなくても、中国語の本は早い段階から読んだ。基本的には大学の図書館を利用していたから、書籍にもお金はほとんどかかっていない。いわゆる参考書はＨＳＫ（中国語能力試験）のための教材４冊を繰り返し使用した。実際にかかった経費は、この教材とラジオと辞書。約２００元、日本円で３０００円くらい。

語学学習にとって、「お金」はあくまでも必要条件であり、十分条件ではないというのが僕の考え方だ。やみくもにお金を費やすよりも、目的やスケジュールを丁寧に整理して、身の回りで活用できるリソースは何かを明確にし、活用しながら「少ない経費で多くの果実を」をモットーに貪欲に取り組むことで、「中国語的感覚」は確実に磨かれていくというのが僕の実体験から来る考え方だ。

少なくとも語学にとっては、「お金さえかければなんとかなる」という考え方は禁物だと思っている。むしろ、「貪欲に自分なりの方法論を見出すことが華」という僕なりの考え方からすれば、「語学はお金をかけなければかけないほどいい」という哲学が生まれてくる。ハングリー精神を持って、言葉を学ぶというよりは、自らの生活や人生におけるプロセスのひとつひとつに組み込んでいくイメージだ。僕は、これからもこのモットーを胸に、語学と向き合い、闘っていくつもりだ。

ラジオと辞書を「語学の枕」として

ラジオと辞書。

この二つは僕にとって最も思い入れの強い「語学の枕」みたいな存在だ。

先ほども述べたように、なぜテレビではなくラジオかというと、テレビのほうが高価という理由もなきにしもあらずだったが、最大の動機は、中国のテレビは（映画やドラマも含めて）基本的に字幕付きで、音が聞き取れなくても、文字で意味が理解できてしまう場合が多いからだ。自分はあくまでも日本人、字幕があると「なんとなく」意味が分かってしまう。それでは意味がない。そこで、物理的に字幕はあり得ないラジオを使おうと決心した。ラジオはテレビよりも安いし。

コンセント付きのラジオと、電池用のラジオの両方を購入した。合わせて100元（約1500円）の経費で済んだ。自宅にいる間は前者を、外にいる間は後者を使いこなした。自室で活動する間、とにかく暇さえあればラジオをつけていた。移動時間は電池用のラジオをイヤホンで聴いていた。

まじめに聞いていたわけではなく、聞き流していただけだ。人間の集中力などたかが知れている。僕の感覚では2時間が限度。それ以上は持たない。

寝ている間も睡眠学習だと思って、イヤホンでラジオを聴いていた。留学生寮が二人部屋だったからイヤホンをつけざるを得なかった。ルームメートの睡眠を阻害する権利は僕にはなかったから。大学の寮で光熱費はいくら使っても変わらなかったから、可能な限りコンセントのほうを使わせてもらった。

お金がない僕には電池代節約のためでもあった。

ラジオが友達だった。「中国語漬け」の環境に己を追い込むことでしか向上はあり得ないと自分に言い聞かせ、貪欲に聞きまくった。意味があるかないかは、結果が証明してくれるはずだと、信じて取り組むしかなかった。

辞書は僕の語学プロセスにとっては「もっとも重要なツール」だと言える。「もっとも重要なツールのひとつ」ではない。辞書と如何に付き合うかというスタンスがはっきりしている人は、僕の経験上、良い中国語を話す傾向が見て取れる。

わからない言葉に出会ったときに「引く」だけではなく、時間のあるときに「眺めて」、リズム良くページをめくる習慣をつけることがベスト。

僕は学習を始めた当時、一日5時間は気合で眺めていた。

頭から辞書を読み進めたり、対象がはっきりしない前提で辞書を「引く」ことは、あまり効率的ではないと、最初はそう思っていた。

しかし、引く対象が明確でなくても、開いた部分を眺めたり、たまに集中して、ペンとノートを用意して、例文を書き写しながら、発音しながら、引き続けることで、中国語と戦っていく上での体力づくりになった。

別に変に肩に力を入れる必要はない。あくまでも気の赴くままに、自然体で、好きなように眺めたり引いたりすればいい。嫌になったらやめればいい。語学に「無理矢理」は禁物だと思っている。長続きしないから。

中途半端になるくらいなら、初めからやらないほうがマシだ(もちろん、取り組んでみたことで得られる教訓を僕は否定する立場では決してないけれども)。

「辞書を引き続ける」ことは「語学にとっての体力づくり」だと思っている。

僕も一応ランナーだから身体的に理解できるが、アスリートは正規のトレーニング以外に、スタミナ作りのためのジョギング、体の芯を鍛えるための筋力トレーニング、故障防止のためのストレッチなどを毎日欠かさずやらなければならない。退屈でも、孤独でも、すぐに効果は現れなくても、こういう「見えない部分」を大切にしているアスリートは強いと思う。僕もそんな強いランナーになりたい。

語学も一種のスポーツだ。

辞書との格闘は、中国語学習の根幹を担う部分。軽視してはいけない。単語帳さえあればいい、というノリで付き合ってはいけないと思っている。

電子辞書が流行っているようだ。もしかしたら、今となっては、電子辞書も使わずに、グーグル翻訳だけで事が足りてしまうのかもしれない。

時代は変わったように見える。

けれども、僕はあえて「紙辞書」を使っている。電子辞書を使ったことはない。常に紙辞書を持ち歩いてきた。重くても、筋トレだと思って、日本語で解説された『日中辞典』『中日辞典』（いずれも小学館）、そして中国語で解説された『現代漢語辞典』（商務印刷館）の3冊を持ち歩いていた。ボロボロになるまで使った。

今になっても、英語学習を含めて、辞書を引かない日はほとんどない。辞書が近くにないと落ち着かない感じがする。あのパラパラめくるときの音が好きだ。日常的に忙しくする、あるいは忙しいふりをしている僕を落ち着かせてくれる。

自分はこれだけやったんだ、だからできる、流した汗は嘘をつかない。そういう自信を持つこともできる。それも辞書の魅力だ。

野球で言うグローブのような存在かもしれない。

僕は中国語を始めたばかりの当初、「辞書をどこまで汚せるか」を目標に取り組んだ。こんなに綺麗じゃだめだ、努力が見えない、もっと汚せ！　そういう姿勢で辞書に立ち向かった苦闘の日々。

苦しかったが、充実していた。苦しさと楽しさは表裏一体、いつだって弁証法的な関係にあるものだ。あたりまえのことだけど。

始めたばかりの頃は日本語版辞書を、半年後から中国語版と併用し、1年半後くらいからはほとんど中国語版に切り替えた。理解できそうにない語彙に関しては、日本語版・中国語版双方で理解するようにしている。ただ、やはり「中国語で中国語を理解する」というのが僕のポリシー&スタンスだ。翻訳や通訳といった、言葉を変換するプロセスもそれはそれで楽しいけれど、やっぱりナマモノはナマモノとして受け入れ、付き合うことが王道であり、それが究極の道だと信じている。

中国語は生涯大切にしたいパートナー

中国語の上達プロセスは決して順風満帆ではなかった。

「どう音を発するか」に重点を置いた最初の2週間。北京大学日本語学部の女子学生（浙江《ジャージャン》省出身）と練習したが、全く発音できず初日はあえなく挫折した。

気持ちを切り替えて挑んだ2日目以降も、むずむずした感覚が拭えない。1週間やって、少しは形になってきたかなと感じ、会話の練習に入っていく。とにかく最初の1ヵ月は散々だった。上手く発音できたと思っても続かず、聞き取れたと思っても続かず、会話もぐちゃぐちゃで、もがけばもがくほど不安になった。挙句の果てには、己の能力や可能性を疑い、自己嫌悪に陥ってしまった。

しかし、1ヵ月粘ってみると、感覚的に「何か」が見え始めた。昨日どこに行って、何をして、何を食べて、こう感じた、といった簡単な会話だが、徐々に相手とのキャッチボールが成り立つようになってきた。

相手が話している内容が、一語一語ではなく、ひとつのセンテンスとして、会話のまとまりとして理解できるようになってきた。学習を始めて1~3ヵ月の期間はこれまでで最速のスピードで伸びた時期だったと断言できる。1ヵ月目にもがき、やりきれなくなり、自己嫌悪に陥っている最中には想像もできなかった。

当時18歳だった僕は、約3ヵ月でHSK試験においてそれなりにいい成績を収め、コミュニケーションにも苦労しないレベルまで到達したことで、いい気になり、調子に乗り、3ヵ月目から半年まではブレーキがかかり、スランプに陥った。

トレーニングを怠ったり、だらだら過ごしたわけではないが、気持ちの悪い日々が続いた。約半年間に及ぶスランプを経て、そこからの1年間は快進撃が続いた。やることなすことすべてが果実となり、実践へと結びついた。中国語が踊るように入ってきては出て行く感覚。正直言って、中国語を始めて10年になる今よりも、当時はノッていた。それだけ、身に着けた技術をすぐさま実践の場で検証するように心がけていたからかもしれない。それだけの時間と環境もあった。

1年半から3年目は、またしても落ち込んだ。

原因はメンタル面にあった。

半年目から1年半の間、中国語を話すたびに「君、本当に日本人？　嘘だろ、中国人だろ？」と、周りからチヤホヤされる毎日が心地よかったというのが本心だ。

そんな快楽を味わい続けるために、必死に勉強を続けた。

それが1年半を過ぎる頃になると、周りからの反応は「加藤さん、1年半も居るんじゃ上手いのは当たり前かもね」という類の雰囲気に変わっていった。自分の中でも、同じような意識が、脳裏から離れなくなる。不安になる。もがけばもがくほど不安になり、やりきれなくなる。コンディションとしては最悪な日々が続いた。

そんな悪循環を打破したのが、メディアでの発信だった。

2005年くらいから、自分の中国語や語り口がメディアから注目され始め、テレビやラジオで発言する機会が増えた。それをモチベーションに、3年目以降、一気にエンジンを切り替えた。1年目は「どれだけネイティブに近い形で話せるか」に重点を置いていたが、この頃には「中国語というツールを如何に活用し、自らの見解をわかりやすく伝えるか」に意識や姿勢を切り替えた。

これが2008年から本格的に取り組み始めて、今現在も続けている、中国語による執筆活動につながっていくことになる。僕は中国語による執筆が好きだ。日本語よりも英語よりも。自分自身の中に宿るリズムやテンポを一番率直に掘り起こせている気がするからだ。生涯を通じて大切にしていきたいパートナーだと思っている。

僕が語学を好きな理由

僕は「語学」には愛着を持っている。死ぬ気で磨いた「武器としての教養」だから。これまで可能な限り毎日鍛錬してきたのは、ランニング以外では語学だけだ。

「語学」というと、「才能」や「センス」を真っ先に思い浮かべ、それによって出来高を判断する方が多いようだ。もちろん、才能やセンスを否定するつもりは毛頭ない。何を持ってそういうのかは別にして、才能やセンスはあるに越したことはない。何に取り組むにしてもそうだろう。

ただ、中国語学習に関して言えば、才能そのものは出来や伸びしろにはほとんど関係ないと思っている。誰にでもチャンスがある、というのが僕の見方であり、信念だ。さもないと、心が折れてしまうから。

僕の北京大学における経験から、しばしば見受けられるケースを一つ紹介したい。

北京大学の日本人留学生には、いわゆる有名大学から大学の単位交換制度を利用して留学してきた学生と、中堅以下の大学を休学して、自費留学してきた学生が〝共存〟している。どちらの学生が中国語に適応し、コミュニケーションを上手に行っているか。ケースバイケースではあるけれども、僕の知る限り学歴や「頭の良さ」は、中国語力・コミュニケーション力とは関係ない。

むしろ、貪欲に、変幻自在にコミュニケーションに取り組んでいるという意味では、後者のほうが上手で自然な中国語を話すというのが僕なりの経験則である。自分なりに学習法を考えて、試行錯誤しながら粘り強く取り組もうという向上心とひたむきさを持った学生が「強い」のだ。スポーツ界では「強い者が勝つのではなく、勝った者が強いんだ」という言い方をするけれど、語学に関しても全く同じことが言える。高学歴の人間が上達し、低学歴の人間は伸びない。そんな道理はまったく成り立たないだけでなく、リアリティを伴わない。

語学の力はすべての人の前で平等だ。

流した汗は嘘をつかない。

才能は関係ない。でも「センスは必要」だと考える。

問題は、センスはどこから来るか。センスと才能は別物。センスが天から舞い降りてくることはない。じゃあどうするか。僕の思いつく限り、「磨く」しかない。

たとえば、中国人が早口で長々と、怒っているかのように意見を主張している場面を思い浮かべてみてほしい。あなたには、相手が言っていることをシンプルに理解し、自らの言葉でレスポンスすることが求められている。

さて、どう対応しようか。僕は、このような場面における対応力こそが「語学のセンス」だと思っている。適切に、迅速に対話のボールを跳ね返すには時間とエネルギーをかけた訓練が必要になる。

相手のスピードについていける反応力、忍耐力。

長い主張をまとまりごとに理解し、必要な部分だけを残し、記憶し、後は切り捨てるテクニックと勇気。

相手の表情やジェスチャーを注意深くウォッチし、自らのリスニング、理解の幅を広げられるだけの柔軟性。

会話とはキャッチボール。

リスニングしながら、どのような言葉を返すかを、自分の頭で考え、自分なりの語彙、表現方法を探していく要領も求められる。

これらが中国語に必要なセンスなのだ。

センスとは磨くもの。

磨くことでしか身につけられないもの。

磨くという作業は根気のいること。

ただ逆に言えば、「誰にとっても公平」と言えなくもない。
だから僕は語学が好きだ。

アイス屋のおばちゃんから学んだ中国語

僕の中国語の土台を作ってくれたのは、北京大学西門付近の路上でアイスを売っているおばちゃんだった。

聞いたことはないけれど、おばちゃんの年齢は50歳くらい。毎回「おばちゃん」と呼んでいたから、正直名前すら知らない。

おばちゃんはアイスを売って20年以上になるベテランだった。日々の生活に対してストレスを感じることもなく、マージャンやご近所さんとのおしゃべりを生きがいに、リラックスした生活を送っているように僕には見えた。要は常に暇なのだ。暇な生活が、何もしないことが大好きな人だった。

以前、拙書『われ日本海の橋とならん』(ダイヤモンド社)で一つのテーマとして扱った、〝暇人〟の分類に直接的に属する人だと思う。

そもそもこのおばちゃんとの出会いは偶然的であり、必然的でもあった。

北京に到着して1週間くらい経ったある日、中国語の学習しかすることのなかった僕は、

「毎日長時間会話をしてくれるような暇な人いないかなあ」という心境で、北京大学のキャンパス内外をふらふら歩いていた。

西門から外に出ると、そこには野菜や果物、アイスなどを売りながら暇そうに世間話をしている中年のおばちゃん集団がいた。

ストレスのない、リラックスした風貌。

「これだ！」

僕は咄嗟にそう思って、戦略的に近づこうと試みた。

このアイス屋さんに自然に通りかかったかのように近づき、食べたくもないアイスを買った。太陽が路面を照りつける、暑い日だった。

アイスを買った僕に対して、おばちゃんはとてもうれしそうに対応してくれた。「お兄さん日本人？　どこで勉強しているの？」と聞いてきた。

僕は自分が日本人で、北京大学に来たばかりで、右も左も分からない、大変な思いで生活しているという事情を伝えた。

おばちゃんは地元北京の出身で、中国語は若干北京なまりが強いものの標準的だった。僕はこのおばちゃんの表情や性格になんともいえない暖かさを感じ、その日は「おばちゃん、また来るね！」とだけ言って、その後通いつめるようになった。

毎回行くたびにアイスを買ってあげて、お互い飽きるまで、日が暮れるまで話し込んだ。そのうち、おばちゃんのところに行って、アイスを食べながらおしゃべりをすることが日課になり、僕はそれを中国語学習に正規の項目としてスケジューリングしていった。

おばちゃんも僕のことを自分の子供のようにかわいがってくれ、次第にアイスの代金も取らなくなった。ご飯を食べさせてくれたり、ひまわりの種を一緒に食べたり、彼女自身のネットワークの中に僕をコミットさせてくれた。僕はお礼に店番をしたり、アイス売りを手伝ったりもした。

毎日5時間くらい話すわけだから、ネタ切れになるのが常態で、何を話そうか、話すべきか僕なりに頭を抱えたこともあったが、幸いおばちゃんが話のプロで、これでもかこれでもかというくらい話題が出てきて、ネタに不自由することはそれほどなかった。

僕の中国語を押し上げたのは、あのおばちゃんの存在抜きには語れない。おばちゃんこそが僕にとっての最大の先生だった。中国語がそれなりに流暢になり、コミュニケーションに困らなくなったあとも、悩み事があったり、憂鬱な気分になれば、おばちゃんのところに行って相談した。

おばちゃんはすぐに僕の心情を察知して、そのストレスのない表情でアドバイスをくれた。「中国のお母ちゃん」の存在に、僕は本当に感謝している。

2013年の秋、アメリカから北京に出張する機会があった。北京大学での会議の合間を縫って、西門外まで歩いてみたが、そこにはおばちゃんの姿はなかった。新しい宿舎ができたり、現代的な食事処ができたりしていた。ぼろくて決して景観に貢献しているようには見えないおばちゃんのアイス屋さんは、強制退去させられたのかもしれない。そう思うと心配になった。

でも電話番号も知らないし、名前も知らないから探しようもない。

「ま、いっか」

おばちゃんと過ごした時間がよみがえってくる。

「あのおばちゃんのことだから、ストレスもなく元気で、毎日ゲラゲラ笑いながら、暇な生活をしているんだろうな。それが彼女にとっての幸福なんだから」

おばちゃん、ありがとう。

第3章

国際連合のような北京大学の環境

北京大学で学ばなかったら今の僕はない。

北京大学で学んだ時間を誇りに思い、生きていこう。母校の恥にならないように。

北京大学・大学院を卒業する際、僕はそんな気持ちを胸に抱いていた。

入学するまでは、どんな場所なのか想像もできなかった。どんなことをどんな風に学んだり教わったりするのかも分からなかったし、中国の学生たちがどういう格好をしていて、どんな発想をしているのかに対する理解も皆無だった。

国際連合で働きたいというささやかな目標を持っていた僕にとって、言葉の問題をどう解決するかは常に頭の片隅にあった。高校を卒業して、英語圏ではなく中国に来た理由も（家にお金がなかったというのが決定的な理由だが）、出来る限り若い時期に「英語プラスワン」をマスターしておきたいという戦略によるものだった。高校時代から翻訳をしていたし、何より好きでそれなりに一生懸命勉強していたから、英語には多少の自信があった。あとは「プラスワン」をどう磨くかが課題だった。

国連の公用語は英語以外に、フランス語、スペイン語、ロシア語、アラビア語、中国語があるが、中国語を選択したのはある意味必然であったと思っている。

理由が3つある。家にお金がなかったから、中国が最もリーズナブルな選択肢だったという以外に。

まず、時代背景から言って、「これからくる」と思ったのは中国だった。僕が高校2年生のときに北京五輪の開催が決まり、世の中にも「これからは中国の時代」的な雰囲気が漂っていた。勢いがある国に身を置くことは自らを成長させてくれるだろうという期待感があった。

次に、僕は昔から「人と違うことをする」「人とは違うアプローチをする」をボトムラインとして生きてきた人間だ。その意味で言うと、スペイン語やフランス語圏は若干普通感があり、留学先に中国というのは一味違う感じがしてしっくりきた。

最後に、どの言語が最も自分に合っているかと考えたとき、「まあ消去法もありだな」というアプローチを思いついた。アラビア語とロシア語に関しては〝反射的に〟「たぶん無理だ」(難しすぎて習得できないだろう、という意味)と感じた。根拠は特にない。フランス語はエレガント過ぎて、野蛮人の僕には合わないなと〝本能的に〟排除してしまった。スペイン語はラテン系のノリを想起させるが、内気でシャイで、間違ってもクラブでダンスなんてできない僕には〝生理的に〟合わないなと、これまた消去の対象となってしまった。これらの直観的思考を通じて、「じゃあ中国語にしようか」という具合に自分の中で勝手に決めた。というより、決まった。僕は昔からとにかく漢字が嫌いで苦手だった。この点は中国語に向き合う上での不安要素だとは思ったが、他の言語における不安要素に比べればたいしたディスアドバンテージじゃないと、〝なんとなく〟思った。根拠は特にない。

大きな決断をする時ほど根拠なんてないものだ。

「英語＋中国語」を武器にして国連で働くための土台をつくる。

これが、僕が中国へ向かった最大の理由だった（30歳になったいまでも国連で働けていないから偉そうなことは決して言えないけれど）。

心配していたことがひとつある。

中国語に関しては、なんだかんだいって中国で生活するわけだし、まだ18歳だったから、それなりにマスターできると踏んでいた。大学の授業は中国語で受けるし、論文も中国語で書くわけだから、「習得できないはずがない」という気楽なスタンスでいた。

むしろ問題は英語だと懸念していた。

僕の中で勝手に思い込んでいた、社会主義や毛沢東思想といったコテコテのイデオロギーに対する先入観によって、「まさに〝ザ・チャイナ〟、中国語にどっぷり浸かった日々になるんだろうな。何もかもが中国的になるんだろうな。英語大丈夫かな。忘れちゃわないかな」という不安にかられていた。

英語を失ってしまうのではないかと本気で心配していた。失ってしまう危険性が存在することを前提に、「どのようにこの〝壁〟を打ち砕くべきか」という対策を、北京への渡航前、そして飛行機の中でも練っていた。ずっと心配だった。北京大学に到着したその日の夜に、パレスチナ出身のワリードに出会うまでは。

第1章で紹介したように、北京大学で最初にまともな会話をした相手が、世界地図の中でしか、あるいは自分の頭の中でしかイメージしたことのなかったパレスチナ人というファクトは、僕に小さくない衝撃を与えた。

「北京大学ってなんか違うかも」

そう思い、これまで自分が18年間築き上げてきた常識や視野からは想像もできない世界が待っているのではないか。そんな期待感がどことなく湧き上がってきた。

SARSが流行っている間は北京大学も実質〝隔離〟状態だったから、本来の姿を直接的に感ずることはできなかったように思う。ただ夏休みを経て、新学期の9月になり、授業が本格的に再開されると、僕はいまという時代における北京大学の持つポテンシャルというか、底力を少しずつ知るようになっていく。己の実感をもって。

自由奔放な北京大学、権威主義的な清華大学

北京大学（通称〝北大〟）は1898年に創立された。当時は清朝の時代で、創立時の名称は「京師大学堂」といった。辛亥革命（1911年）を経て、「北京大学」と改名された。初代学長は蔡元培《ツァイユエンペイ》で、陳独秀《チエンドゥーシュー》、魯迅、胡適《フーシェー》など日本人にとってもお馴染みの歴史的人物を教授陣に迎えている。

その後、五四運動や天安門事件などの歴史的事件に、北京大学の先生や学生は直接的にコミットしていく。お隣の清華《チンファー》大学と比べても、その校風は伝統的にリベラルと言われる。僕自身、そのキャンパスで学んだ人間として、確かに北京大学には自由奔放な雰囲気が漂っていると感じた。全国各地からやってくる学生にはいろんな人達がいるが、一旦北京大学の門をくぐれば、みんな好き勝手やるスタイルへと変身するようだ。授業に行くも行かないも、授業中何をするかも、余暇の時間をどう使うかも、本当に人それぞれだ。

多様性は自由の中でしか育たない。

僕は北京大学で日々学びながらそういう哲理を身体的に理解した。

清華大学はどちらかというと官僚主義的、権威主義的な匂いがプンプンしていて、学生も

（理工系が強く、男子学生が多いという事情もあるが）ガチガチに固まっている感じで、遊び心に欠けると行くたびに感じていた。

数年前清華大学で講演をした際、中国の政治体制に話が及んだが、「政治が市場に干渉すべきではない」と僕が断言すると、学生たちは立ち上がり「中国はまだ発展途上だ。政府がしっかり市場や世論を誘導してあげないと、この国は間違った方向へ進んでしまう」と反論された。学生たちの表情を眺める限り、少なくとも半分以上の人間がそういう論調に賛同しているようだった。

仮に北京大学で「政府は市場や世論を〝誘導〟するべきだ」なんていう発言をしたら、「お前頭おかしいんじゃないのか、出て行け!!」みたいなコールが起こってしまうかもしれない。少なくとも、清華大学の学生のように〝マジ顔〟で体制擁護などしない。みんなシニカルな表情で心底スピーカーをあざ笑うだろう。

北京大学では「共産党バンザイ」的な言論はむしろタブーだった。みんな出世やキャリアのことを考えるから（特に1989年に起きた第二次天安門事件以降、先生や学生たちの言論活動は総じて保守的になっている）、頭ごなしに共産党体制を批判したり、体制転覆を狙ったような行動を起こす人間はほとんどいなかったが（反日デモを組織するリーダー格は存在したが）、それでも「共産党体制を漠然と賛美すること」もまたタブーだった。

このあたりに、当代中国をめぐる矛盾と、微妙さと、複雑性が如実に露呈している。

僕はしばしば北京大学の西門を出て、清華大学の西門をくぐり、そのキャンパス内をグルグル回って北京大学に帰るという60分コースを走ったものだ。清華大学はどちらかというと西洋風で現代的な建物が多く、北京大学も近年こそ東門付近に西洋的、現代的な建物が続々と建てられているものの、西門付近には故宮・紫禁城《ズージンチェン》を彷彿とさせるような中国の伝統的な建物が並んでいる。それらを満喫しながらランニングできるのだから、なかなか贅沢である（大気汚染の問題はとりあえず置いておいて）。

国家を代表する両雄が隣り合わせの位置関係にあるというのも世界史的に見てなかなかレアなケースかもしれない。僕は現在アメリカ、マサチューセッツ州ケンブリッジにあるハーバード大学とマサチューセッツ工科大学（ＭＩＴ）の中間地点に住んでいるが、ハーバードとＭＩＴ以上に、北京大学と清華大学は近いのだから。

全学部共通の必修科目「マルクス＝レーニン主義」

最近の政治家で北京大学の卒業生といえば、李克強《リーカーチャン》国務院総理、胡春華《フーチュンファー》広東省書記兼政治局委員、そして薄熙来《ボーシーライ》元重慶市書記兼政治局委員などがいる。前国家主席の胡錦濤《フージンタオ》氏、現国家主席の習近平《シージンピン》氏はお隣の清華大学出身だから、政治の街道をめぐっても北京大学と清華大学の両雄はしのぎをけずってきた、と言えるだろう。

僕のクラスメートにも、北京大学内に設置されている共産党委員会や共産主義青年団委員会の一員として、学生の代表のような立場で将来政治を目指す人間が何人かいた。一般家庭に生まれた、特に政治的バックグラウンドを持たない学生が政治の道を行くひとつのアプローチが、著名大学における共産党システムの中で学業の傍らみっちり「仕事」をして、学生の代表的な立場になり、そこから全国各地の要職を歴任し、中央と地方を往復しながら、徐々に出世していくやり方である。平民&共産主義青年団出身者で、清華大学と北京大学からそれぞれ政治の王道を突き進んだ代表格が、前国家主席の胡錦濤氏と現国務院総理の李克強氏と言えるだろう。現広東省書記で、ポスト習近平候補のひとりである胡春華氏もこの分類に属する。

僕が仲良くしていたクラスメートに、〝太子党〟(中国共産党幹部の子息など特権階級層)とまではいかないが、それなりの政治的バックグラウンドを持っていた女子学生がいた。彼女は上記で述べたような学生の代表格であり、且つ学業の傍ら北京大学内の共産党委員会で仕事をしていた。

ここでいう「仕事」とは、まさに共産党システムにおける官僚的な仕事を指す。学生たちに配布する思想・イデオロギー的パンフレットを作ったり、他大学やお上に当たる共産党組織との連絡を担当したり、会議を開いたりと、業務内容は多岐にわたっていた。また、反日デモや天安門事件の記念日(6月4日)が近づいてきた際にも、大学内の統制を強化するため、各学部・各クラスの責任者を呼んで指令を出したり、内部資料を配布したりという「統制者」としての役割も担っていた。彼女が毎日深夜2時くらいまでオフィスにこもって仕事をしていたのを覚えている。

ここだけの話、僕はしばしば彼女から北京大学共産党組織における反日デモ対策や言論統制策を聞いていた。具体的な内容に関してはここで述べることはできないが、「共産党はこうやって不安要素を潰していくんだな」という内部事情が克明に分かってきた。僕の中国理解・中国共産党理解に大いに役立った。大学という研究・教育機関に身を置きながらも、中国という国家の政治事情を皮膚感覚レベルで体感できるのは、北京大学ならではと言えるし、中国の大学のトップが共産党委員会書記であるという特殊なお国の事情（学長はナンバー2）も関係している。

「政治の自由」がいまだ確立されていない中国では、政治が教育・学問・研究の上にかぶさっているのが現状だ。それはカリキュラムや大学行事などにも影響してくる。例えば、北京大学全学部共通の必修科目にマルクス＝レーニン主義がある。また、毛沢東《マオヅァードン》思想・鄧小平《ダンシャオピン》理論も履修しないと卒業できない。中国の学生たちは小学校の頃からこれらの思想・イデオロギー教育を必修科目として受けてきたから、これらの授業はほとんどまじめに聞いていなかった。「もうやめてくれ」という嫌悪感の空気が教室内に充満していた。僕なんかは逆に中国のお国の事情や思想・イデオロギー教育を垣間見るいい機会だと捉えていたから、それなりに真剣に授業に出て、教科書も読みこなしたけれど。

ちなみに、北京大学生というのは（〝自由奔放〟とは矛盾しているかもしれないが）本当によく勉強するし、優秀で、頭がキレる。期末試験の際には、教科書を丸暗記するのは当たり前だったし、参考文献の内容を完璧に頭に入れるなんていうのは常識という感じだった。

北京大学に入学できるのは、約1000万人の大学受験生のうちの約3000人であるが、幼少時代からとにかくスパルタ式で、とんでもない過当競争を勝ち抜いてきた彼ら・彼女らにとって、教科書の丸暗記などというものは、都会で暮らす日本人が駅前に立ち食いそばを食べに行くようなノリで、向きあえてしまうことなのかもしれない。

周りの学生は普段は好き勝手やっていたけれど、期末試験期間になると目の色を変えたように教科書や参考書とにらめっこをしていた。毎朝7時に宿舎を出て、朝食をとって、図書館に行って勉強して、授業のある間と食事の時間だけは教室と食堂へ向かって、夜も22時まで図書館で勉強して、宿舎へ帰る。消灯時間の23時に合わせて。そんな生活をしていた。

北大にも高校生時代のガリ勉癖から抜けきらず、大学入学後もロボットのように勉強しかしない学生もいた。学部にもよるが、だいたいクラスの20%はこういう学生ではないだろうか。ほとんどが女子学生だと思う。男子学生は北京大学生といえどもゲームオタクみたいな人も結構いたし、授業に来ても寝ていたり、マンガやチャットに精を出しているだけの人もいたと記憶している。勉強が嫌になり、堕落した友人も何人かいた。

「北京大学生も普通の人間だったんだなあ」

と思い、ほっとしたものだ。

僕自身はといえば、結構特別な存在だったかもしれない。大学2年生くらいになると、新聞や雑誌にどんどん論考を寄稿していたし、テレビのコメンテーターも務めていたから、それなりに知名度はあった。周りの学生も僕を良くも悪くも〝特別扱い〟していたように覚えている。授業も欠席がしばしばで、先生は半分「あいつはもういい」と諦めていたような感じだった。たまに授業に行くと、「おい、見ろ。今日は加藤が来てるぞ」みたいな不審な目で眺められることが常だった。そんな風に〝特別視〟されることが心地よくなかったといえば嘘になる。

そもそも「人と違うことをする」ことを〝人生のボトムライン〟とし、とにかく同質化を嫌う僕からすれば、「自分は周りとは違う存在だ」という既成事実が徐々に出来上がっていくのを俯瞰するプロセスは楽しかったし、益々やる気になって、メディアでの発信には力を入れた。

だが今から振り返れば、ただ単に少しだけ周りと違う自分に酔った、調子に乗った、いきがっているガキにすぎなかったと断言できる。表面的で、真の強さとか、魅力とか、人間性とか、深みとか、そういったものが分かっていない「人生の素人」だったと反省している。

しかしながら、僕はそんなふうに回顧している自分の過去を後悔していない。失敗も挫折もたくさんしたし、先生やクラスメートとの関係も微妙で、しばしば険悪にもなったけれど、その時に「これだ」と本能的に思ったことにただがむしゃらに取り組んだことは事実だし、仮に無駄だったとしても、人生にはそういう無駄な時間も必要なのかもしれないと思う。

30歳になった今、20歳の頃の自分を少しだけ労ってやりたいと思っている。

共に学び、競争できることの喜び

前述の女子学生を含め、常に僕のことを気にかけてくれて、ノートを見せてくれたり、試験の要点を教えてくれたりと、親切で温かいクラスメートが少なからずいたのはありがたかった。授業や試験がすべて中国語という現実に対してはそんなに違和感もなかったし、特に苦労もしなかった。むしろ、外国語で授業を受けたり、論文を書いたりすることに生きがいを感じていた。幼い頃から「外国語を学ぶのではなく、外国語で学ぶこと」に憧れを抱いていたから。

在籍中に僕なりに己に課したプリンシプルとして、「期末試験中はどうしてもこなさなければならない連載やレギュラー番組を除いては仕事をしない」というものがあった。

周りの学生は教科書も丸暗記してくるから、それなりに時間と労力を費やさないととてもじゃないがついていけない。国際関係学院における期末試験はソーシャルサイエンスということもあり、①概念の解説（5問）、②問題提起に対する回答（2問）、③自由論述（1問）という形式による試験が多く、とにかく筆記が多かった。限られた時間内にどれだけ学んだ知識を活かしつつ、ロジカルに、ディープに、猛スピードで書き下せるかが勝負の分かれ目であった。

特に最後の「自由論述」に関しては、大概「政治にとっての権力関係とは何か？」みたいな大きなテーマが出される。中国人学生は中国語で3000字とか平気で書いてしまう。制限時間は約100分で、他の問題も解かなければいけないから、約1時間で3000字(日本語で4500字くらいのイメージ)を書いてしまう計算になる。しかもパソコンに打ち込むのではない。藁半紙にただひたすら、ボールペンを握って、手書きで書き続けるのだ。

テーマは政治や経済、国際関係や国際法、外交政策や世界史といった僕の好きな分野ばかりだったし、僕自身それなりに自分の考えを持って語りたいタイプではあるから、「自由論述」では気合で2000字くらいは書こうと心がけていた。試験後は、100%例外なく腱鞘炎のような症状が出たものだ。あれは辛かった。

教室内には、ただ藁半紙がパラパラめくられる音と、激しく稼働しながら藁半紙に叩きつけられるボールペンの音だけが鳴り響く。静粛であり、厳格でもある。

そんな時間と空間に向きあうためには、それなりに準備をしなければならないし、とはいっても外国語で表現するわけだから、気を引き締めて挑まないと難関を突破することはできない。優秀で、勤勉で、且つ才能に満ち溢れた中国のエリートたちと共に学び、競争できることは僕にとって何よりの喜びであり、と同時に安らぎの時間でもあった。

日頃からメディアで執筆やコメンテーターとしての活動に取り組んでいた僕は、大学生でありながら、社会人とばかり付き合っていた。それはそれで面白かったし、多くを学べたと思っているが、ソーシャルな世界には常に複雑な人間関係や利害関係、そして権力関係がつきまとう。若かった僕には荷が重かった。負担でもあった。

だからこそ、試験期間は教室や図書館にこもって、書籍とにらめっこしながら、適度な緊張感を持ってクラスメートたちと「ただ試験を乗り切るためだけに」一生懸命になることが快感だった。もちろん、僕にとって、〝それ〟が意味するところは決して「ただ試験を乗り切るため」などではなく、クラスメートたちと心を通わせて、議論をして、共存の道を探るプロセスに他ならなかった。僕にとっての財産とは、まさにそういうものである。試験期間は幸福感に満ちていたが、それ以外の時間はどうしてもソーシャルに活動することが多く、今振り返ってみれば、クラスメートと純粋に議論や交流を楽しむ時間と空間は限られていた。僕自身がそれを奪ってしまったのだ。北京大学時代における唯一の後悔がこれである。

もっと、大学生の間にしかできないことに取り組むべきだった。

大学そのものが国際連合のような環境

中国が改革開放という大戦略を推進している戦略的環境の中でこそ、北京大学の現状と発展の方向性は見いだせる。2013年秋にボストンから北京に飛び、卒業生代表として第10回北京大学国際文化祭開会式に出席した際、共産党委員会書記の朱善璐《ジューシャンルー》氏が高らかに宣言していた。

「2048年、即ち北京大学創立150周年には中国は世界一の大学になる。そこを目指してみんなが一丸となって努力していくのだ。2049年は中華人民共和国創立100周年という節目の年だ。母国の100周年に華を添えることが我々に与えられた偉大なる任務なのだ」

いかにも中国の指導者的な主張である。ちなみに、北京大学共産党委員会書記の政治的地位は閣僚級であるから、朱書記は決して私的な見解を述べたわけではなく、国家戦略という観点から北京大学の未来を語ったと理解すべきだろう。

北京大学と中華人民共和国はまさに弁証法的な関係であり、相互依存の関係でもあるのだ。北京大学は中国という国家の台頭から大きなアドバンテージを得ている、というのが卒業生である僕の実感だ。

国際関係学院という対外交流に積極的な学部に在籍していたこともあり、とにかく毎日のように外国からの要人が僕達の学び場を訪れていた。政治家、外交官、ジャーナリスト、学者、実業家……特に、各国の首脳で中国を訪問する政治家は多くの場合、北京大学か清華大学で講演をすることがしきたりのようになっていた。僕達在校生はそんな環境からたくさんの果実を得ていた。学生という身分で各国の要人と直接交流させてもらえるのだから。国際関係に興味を持ち、国際人として生きていきたいと幼少時代から願っていた僕にとっては、まさに天から降ってきた贈り物を両手でキャッチしたような心境だった。

2007年12月、当時日本国内閣総理大臣を務めていた福田康夫氏が北京大学を訪れ、学生の前でスピーチをされた。僕は日本人学生として、他の学生たちと一緒に福田総理を出迎える場面に居合わすことができた。

２００８年5月、訪日を直前に控えた胡錦濤前国家主席と面会し、交流する機会を得られたのも大きかった。中国といういま世界で最も注目されている国家のリーダーを目の前で見て、交流することができたのは僕の中国理解、そして中国と付き合っていく責務に対して、生きたエッセンスを与えてくれたと思っている。

北京大学生たちはとにかく英語学習に死ぬ気で取り組んでいた。卒業後欧米に留学して、成長のための門戸を切り開くことがミッションのようであった。国際化、情報化が進み、且つ国際交流を肌で実感できる環境で学べる北京大学生は本当に幸せだと思う。僕自身も、宿舎では英語で、授業では中国語で日々のミッションに挑んでいたから、本章のはじめで述べたような「英語を失ってしまうのではないか」という懸念もどこかへ消えてしまった。世界各国からの留学生が学んでいる北京大学自体が国際連合みたいな環境だった。国連で働きたかった僕にとっては本当にラッキーな境遇であったことは言うまでもない。

特にアフリカ、ラテンアメリカ、東南アジア、アラブ中東といった、いわゆる途上国・新興国からの学生たちと共同生活ができたことは大きかった。これらの地域・国家がどれだけ中国というプレイヤーを重視し、国費留学という形で人的交流と相互理解を促しているのかを肌で感じたからである。政府要人の子孫を戦略的に派遣して、将来の国家間関係を構築するための先行投資をしていた。まさに、「国家戦略」と呼ぶにふさわしい空気がいつもキャンパス内を覆っていた。

国家、民族、体制、価値観、宗教……日本で暮らしていては意識すらしない、あらゆる人類社会のファクターを皮膚感覚で吸収できた。北京大学で学んだからこそ経験出来たのだと有り難く思っている。

さて、それまでの人生でマルクス＝レーニン主義や毛沢東思想といった社会主義イデオロギーを脳に注入され、国家の〝洗脳の対象〟となっていた中国人学生たちは、このような国際化した環境で学び、生活し、あらゆる価値観や考え方に触れる過程で、（北京大学のリベラルな校風も相まって）自由で柔軟な発想や主張をするようになっていく。中国の大学は基本的に全寮制で、中国人学生も外国人留学生も同じキャンパス内で生活していることも、緊密な相互交流が生まれ、大学の国際化を促している要因だと僕は思っている。

「中国人なんてみんな洗脳されてるんだろ？」

よく日本人からこの手の質問を受ける。僕の経験からすれば、「少なくとも今日の大学で学ぶ若者たちに限ってそんなことはない。権力に対する健全な批判精神も備えているし、外国の思想や価値観も貪欲に受け入れている。むしろ、日本人よりも柔軟で、自由で、寛容的な発想・主張をする」、そう答えるようにしている。もちろん、あくまでも相対的な見方である。日本にだって、中国にだって、アメリカにだって、いろんな人がいて、いろんな考え方があって、いろんな問題があるのは何処に行っても根本的には同じだと思う。

所詮は同じ人間が営んでいる社会なんだから、放っておけば、時間が経てば、交流が進めば、自然に同質化する。というより、してしまうというのが僕の考えだ。

むしろ、情報化が速すぎるスピードで進む現代社会では、グローバリゼーションという名の下、「同質化」現象が行き過ぎてしまい、人々が意識しないまま、価値観・体制・文化などの分野で「多様性」がどんどん薄らいでいき、結果的に人類社会が〝つまらない空間〟と化してしまうんじゃないかと、僕は懸念している。

母校・北京大学で奮闘する日々は、そんな思索にふける時間でもあった。

第4章

激動の日中関係から生まれたミッション

僕は2003年の春から2012年の春、9年間を北京の大地で過ごした。

それまでの人生は伊豆で10年、山梨で8年と、その土地で過ごした時間を考えるならば、北京で過ごした9年という時間は決して短くない（これからの人生で9年以上の時間をかけて過ごす場所が果たしていくつあるだろうか。僕の根拠なき予想では、二つくらいといったところか）。その後、上海で半年過ごし、渡米して、ボストンで生活し始めて約1年半になる（この原稿を書いているいま現在）。

これが僕の人生の全てだ。これからどうなるかは神様しか知らない。

人事を尽くして天命を待つ。

生きてきた30年という時間を長い（30年も生きた）と見るのか短い（30年しか生きてない）と取るのかは人それぞれだけど、何はともあれ、生きていく上で必要なことは本当に〝それ〟

しかないと僕は思っている。

〝それ〟とは、「思いっきり闘って、ベストを尽くして、あとは神様に判断してもらう。そして、神様が下した決断には逆らわず、文句を言わず、ただ自然に受け入れる」ということ。僕は何か特定の宗教を信じているわけではないけれど、運命というものは信じている。すべては宿命だと捉えて生きている。

そう考えるようになった理由だが、やはり北京で大気汚染にまみれながら毎日公道をランニングしつつ、日中関係という魔物とともに歩んだ時間と空間が、僕にそういう価値観というか、人生観を植えつけたのだと勝手に自己解釈している。

北京でも、東京でも、ボストンでも、多くの方々から「加藤さん中国でよく頑張ったね。大変だったでしょう？　もう一生分くらい生きたんじゃない？」と僕にとっての格闘の日々を労ってもらえる。そのたびに本当に有り難くて、涙もろくもなる。それだけ、青春時代を捧げた中国における時間は、僕にとっては濃厚で、新鮮で、充実していて、それでいて、リスキーでスリリングなものだったから。

と同時に、少しだけ複雑な気持ちにもなる。

なぜなら、僕は自分なりにだけど、よく分かっているから。

〝真実〟というものがどこにあるのかということを。

365日続く罵詈雑言の嵐

何者でもなかった僕は、学業の傍ら中国の論壇に立って、コラムを書いたりコメンテーターを務めたりしながら、コミュニケーターとして中国の公衆に向かって日中関係や中国問題、日本問題について発信し続けた。

アメニモマケズカゼニモマケズ。

そう己に言い聞かせながら。

少なくない中国人、特に現状に不満を持っているような、言葉は悪いけれど自らを「負け組」と認識しているような人達からすれば、そもそも憎き日本人が、しかもまだ20歳そこそこで、中国の最高学府である北京大学で学んでいる僕が、生中継のテレビ番組で中国の問題や政策を批判したり、新聞や雑誌の紙面で中国に〝提言〟をしたりする姿を視るのは、我慢ならなかったのだと思う。

「こいつ外国人の分際で何世界語ってるんだよ。20年しか生きていないガキに世の中の何が分かるんだよ。本当に中国のこと分かった上で言ってるのかよ。いいかげんにしろよ」

いま振り返ってみれば、おそらくみんなそういう気持ちで僕のことを画面や紙面を通じて眺めつつ、苛ついていたのだと思う。

「中国から出て行け！」

「バカはすっこんでろ！」

「お前なんか死ね！」

こういった罵詈雑言は当たり前に、必然的であるかのように、365日続いた。いまも続いている。これからも続くだろう。顔が見えない人からのバッシングと隣合わせの毎日。僕がテレビに出るたびに、コラムを発表するたびに、中国版ツイッターでつぶやくたびに、僕は痛烈に批判された。

そういう僕を沈黙のまま見つめる友人や知人たちは、「ここまで罵られる人も珍しいよね」と言って、笑って僕のことを慰めてくれる。今となっては、ある意味、もう感覚が麻痺してしまっている。当たり前の日常と化してしまっている。そんな現実をたまに恐ろしく思う。
①日本・日本人が嫌いな人、②加藤嘉一が嫌いな人、③自分が嫌いな人、④自国の現状に不満を持っている人、⑤何でもいいからとにかく不満の捌け口がほしい人。この5種類の人たちが、僕に対して苛立ちという感情をぶつけてくるような気がしている。
2012年4月、当時東京都知事を務めていた石原慎太郎氏が「東京都が尖閣諸島を買うことにした」という声明を米ワシントンで発表すると、当時北京から上海に拠点を移したばかりの僕の処に、多数の抗議文が寄せられた。

普通に考えれば、「なんで石原さんに対する抗議が僕の処に来るんだ？」と不可解に思うはずだが、僕はもう〝そういう状況〟に慣れていた。抗議をしてくる人たちに「なぜ僕を責めるんですか？　僕はむしろ日中関係を改善すべく、具体的に解決策を探ろうとしているし、相互理解を深めようとしているではありませんか？」とあえて問い返すと、多くの抗議者たちには「だって日本人はおまえしか知らないんだからしょうがないだろ！」と逆ギレされてしまった。

「もう諦めるしかないか。僕がいくら弁解したところで無駄だ」

という気持ちがなかったといえば嘘になるが、「全部の不満や批判を受け止めてやる」「自分がガス抜きのターゲットになることで、日中関係の緊張感が少しでも和らぐならそれも本望だ」というマインドで、目の前で起きているバッシングに向き合うことに決めた。

もっと言えば、「こうやって僕を叩くことに時間やエネルギーを使ってもらえるのはありがたいことだ」「こういう環境のなかでこそ強くなれる。自分は皆さんに鍛えてもらっているんだ」とポジティブに捉えるべく〝無理矢理〟気持ちを整理した。もちろん、どれだけ気持ちの持ち方に工夫を凝らしても、罵られて、叩かれて、時に地下鉄などの公共の場で胸倉をつかまれたり、つっかかってこられたりして、嬉しいわけがない。

僕はそこまでMじゃない。

僕が中国で過ごした9年半の間で最大の危機というか、本当に、本気で「やばい、殺される」と思った〝南京事件〟に関しては第10章で後述するが、僕の中国における言論活動には常に向かい風が吹いていた。
いまも吹いている。

神様が与えてくれたミッション

〝反日感情〟などという単純な言葉では表せない、複雑な政治的環境の中で僕はもがき続けた。「だから大変だった。僕はそんな中で頑張った」などと自己正当化するつもりは毛頭ない。

僕が言うところの〝真実〟とは、まさに日中関係をめぐる激動の情勢のことである。僕が中国で過ごした2003年から2012年という期間、日中関係は激動の渦の中にあった。政治的な摩擦や衝突、そしてそれらの引き金となる突発的事件が往々にして原因となり、日中国家間の関係は常に不安定だったし、緊張に包まれていた（僕は単純に〝悪かった〟とか〝悪化した〟という言葉で日中関係を修飾するのが好きではない。実態はもっと複雑で、構造的問題をはらんでいて、多くの摩擦や衝突は起こるべくして起こっていると考えているから。あらゆる偶然性は排除しないけれども）。

尖閣問題、靖国問題、反日デモ、毒ギョーザ事件……振り返ればこの10年間だけでもいろんな事件が起きたものだ。特に「領土」と「歴史」をめぐる日中双方の国家・社会・個人レベルにおける誤解、摩擦、衝突は常に日中関係・交流をリスク化させる不安要素であり続けている。いまもその状況は変わらない。やはり、何らかの人為的な、双方が合意できる危機管理としてのメカニズムを構築し、重層的なコミュニケーションのチャネルを太くしていくしかないと僕は考えている。

ただ視点を変えてみれば、このようなメカニズムやチャネルが制度的に欠如していて、国家間外交がなかなか効率的に、上手にマネージメントできなかったからこそ、そして機能するような環境になかったからこそ、僕のような〝個人〟にチャンスが回ってきたのだと思っている。

仮に日中関係が順風満帆で、正常に進行していれば、僕のような海の物とも山の物とも知れない20歳前後の若造に、センシティブで重要な問題についてテレビや新聞を通じてリアルタイムで発信するチャンスなど巡ってくるはずもない。

政府間のコミュニケーションがしばしば〝デッドロック〟し、ビジネスマンや年配の知識人たちも、蔓延《はびこ》るナショナリズムと複雑な利害関係の中で、多くの場合沈黙するしかなく、少なくとも「日中関係はこうすべきだ！」という声を高らかに主張できない、しにくい状況があることを僕は北京の現場で感じていた。

だからこそ、僕のような、後ろ盾はないけど利害関係や社会的地位などを気にすることなく、大胆不敵に、自由奔放に発言できる「若い個人」にローテーションのような形でミッションが回ってきたのだと思っている。

「いま日中関係難しくて、我々大人は立場上なかなか発言しにくいから、加藤君がんばれよ。今こそ君みたいな若者の出番だ」

日中双方の先輩方からこのようなコメントを数多くいただいたものだ。

この10年間、日中関係という国家間外交関係は常にピンチでリスキーだった。そのような状況下で、僕のような「民間＋若手＋個人」というプレイヤーに、「日中間で対話をシャットアウトしてしまわないための、何らかの形で両者がつながっているための、コミュニケーターとしての役割」が回ってきたのだと僕は勝手に解釈している。

僕は本気で「神様が僕に与えてくれたミッション」だと信じて疑わなかった。幼少時代にサンタクロースの存在は信じていなかったけれど、北京で過ごした青春時代は神様の存在を信じるようになっていた。

「国家が脆い時こそ個人が頑張らなければならない。共倒れでは困るから」

そう自分に言い聞かせて、自分にできることを一生懸命やろうと心がけた。

〝そういう意識〟で過ごす毎日は心の底から楽しかった。スリリングで、緊張感があって、充実していた。〝国家〟という魔物を前にして、〝個人〟という、僕自身幼い頃から重視してきたファクターをどう生かしていくか。まさに「国家VS個人」のニューワールドだ。個人に何がどこまでやれるのか。まさに実験台に乗ったような気分で、日中関係の荒波に飛び込んでいくことになる。

「中国人の反日感情を生で見たい」

個人として最初に日中関係という国家レベルの魔物の存在を実感したのは、やはり２００５年４月に勃発した反日デモだった。当時僕は20歳だったが、光栄なことに北京大学日本人留学生会二代目会長の座を、外務省から留学に来られていた先輩から受け継いでいた。

２００３年春にはＳＡＲＳが北京全体を覆い、日本人留学生も正確な情報に基づいて行動する必要があった。そこで、同留学生会は初代会長のリーダーシップの下、北京大学留学生事務所や北京日本国大使館、他大学などと連携しつつ危機管理システムを構築していった。

それからというもの、同留学生会は当初の目的を越えて、北京大学国際文化祭で日本の伝統文化を紹介すべくブースを出したり、あらゆるバックグラウンドを持った留学生たちとの交流会を設けたり、北京大学日本語学部の学生たちとの語学相互学習の場を作ったりと、機能の幅を広げていった。

僕自身、北京大学や北京の日本人コミュニティで存在感と役割意識を示してきた、北京大学日本人留学生会の一員として活動できたことを誇りに思っているし、無知で未熟だった僕のような会長を支えてくれた当時の先輩方、そしてその後会長の座を受け継いでいってくれた、頼りになる元気のいい後輩たちにこの場をお借りして心から感謝申し上げたい。願わくば、生涯の思い出として分かち合いたい。

2005年3月くらいになると、中国メディア・世論ではジャパン・バッシングが広まっていった。中国でもビジネスを展開する日本の一部企業が、中国政府が「記述に問題がある」と批判していた日本の一部教科書の作成プロセスを支持しているというニュースが中国の対日世論を覆っていた。

当時は、日本が国際連合安全保障理事会の常任理事国に加入することを目標としていたこともあり、ただでさえ中国人の対日ナショナリズムは高まりつつあった。日米外務・防衛ハイレベル対話である「2+2」会議が、〝台湾〟というファクターを北東アジアにおける日米安全保障戦略のターゲットに設定したことも、また中国人の神経を逆なでし、ナショナリズムを煽ることになる。小泉純一郎首相による靖国神社参拝に対する反発も継続的に起こっていた。

そういう複合的な要因が働く中、4月に入って「大規模な反日デモが起きるんじゃないか」という噂が流れ始めた。北京にある日本大使館も法人保護という観点から情勢を警戒視していた。僕自身は、北京大学の関係者から、「大学としても日本を標的にした集会デモが起きる可能性が高いと睨んで対策を練っている」、そして「4月9日、朝から中関村《チョングワンツン》で集会デモが予定されている」という情報を得た。

数日後、北京日本大使館の公式サイトでも「その日は身の安全に注意をし、極力外出は控えるように」という主旨の勧告が出された。僕自身も日本人留学生会会長として、同会メーリングリストを通じて200名以上いる会員の方々に「外出は控えてください」という通知を出した。

僕は昔からお調子者で、一旦好奇心が芽生えてしまうと自分を抑えられなくなってしまうタイプだ。4月9日当日も、会長として外出禁止指令を出したにもかかわらず、自分は「中国人の反日感情を生で見たい」という好奇心を抑えられず、朝からデモ現場に足を運んでしまう。

朝8時、僕は北京大学南門から歩いて10分くらいの所に位置する中関村海龍大廈《ハイロンダーシャー》の前で身構えていた。デモ集会はまだ始まっていなかったが、複数の警察車両が止めてあって、警察関係者と日本に対して抗議するための集会・デモの組織者・リーダーたちが相互に密な事務連絡をしていた。このリーダーたちの中には北京大学を含めたエリート大学生も含まれていた。現場には僕の学部の先輩の姿もあった。

反日デモの組織や運営には往々にして中国社会のエリートが絡んでいる。そしてそこには警察当局のコントロールが入る。ただ、実際にデモが始まると、野次馬を含めた社会のあらゆる階層の人間が入ってきて、制御不能に陥ってしまうことも多々ある。中国社会のそういう側面を僕たち日本人は知る必要があると思う。

僕が事前に関係者から聞いていた話では、海龍大廈前の広場で集会を行ったあと、中関村一帯をデモ行進して、午前中のうちにはイベントを終える予定だった。そこには、反日デモ自体には許可を与え、容認するが、社会の安定や秩序を乱すような度を超えた行為は許さない、という公安当局の明確な意思が働いていた。

僕もそういう空気を現場で感じていた。

日本人であることは隠しつつデモ行進の中に紛れ込み、一緒に歩いた。周りには日本や欧米の報道関係者も複数いたと記憶している。途中、「吉野家」の前を通りかかったとき、デモ隊はそこで止まり、〝日貨排斥〟を叫び、中にはお店に向かってペットボトルやゴミを投げつける者もいた。

それから北京北四環路の目印である海淀橋《ハイディエンチャオ》をくぐり、デモ隊は頤和園《イーハーユエン》の方向へ向かって北上していく。北京大学エリアにさしかかり、上空を見上げると、宿舎に身を隠した北京大学生がベランダからデモ行進の様子を見下ろしている。こういうデモに関わってキャリアを壊したくないけれども、政治や外交にはめっぽう関心があるエリートたちの心境を露呈しているようだった。

組織と個人の合理的な役割分担

デモ隊が北京大学西門の車両専用口に差し掛かった頃、北京大学内から日産の車を運転する若い女性が出てきた。

「おい、日本車を運転している売国奴がいるぞ！」

デモ隊の一人が叫ぶと、5～6人の若い男性がその車を取り囲み、フロントや両脇の窓を叩き始めた。ヤジウマたちはヘラヘラ笑いながらその様子を楽しんでいる。中にいる女性は頭を抱えながらうずくまっている。

さすがに「まずい」と感じたのか、警察関係者2～3人が暴徒化した若者たちを強制的に抑えにかかった。特に「なぜだめなのか」という理由を説明するわけでもなく、無言で車から引き離そうとしている。

若者も無言で抵抗する。しばらく両者が揉み合っていると、女性はようやく静かに車のアクセルを踏み、頤和園の方向に向かって逃げていった。

ほんの一瞬だけ静粛な空気が流れた。

空間全体が緊張感に包まれる中、暴徒化した若者以外の人間から、

「大使館だ！」

という言葉が発せられた。すると、周りの人間たちは「そうだ、大使館へ行こう！」、「行こう！　行こう！」と盛り上がり、デモ隊は予定のルートを大幅に延長して、20キロ以上離れた北京日本大使館に向かって歩き出すことになる。

その後、現場に到着したデモ隊が、日本大使館に向かって卵やペットボトル、石や缶、ペンキなどを投げ込む光景をテレビの映像でご覧になった方も少なくないと察する。

実は、僕はデモ隊の中に紛れ込みながら、現場の状況や情報を随時日本大使館の関係者に報告していた。別にスパイごっこをしたかったわけではない。せっかく日本人留学生会会長として、北京でお仕事をされている外交官や商工会議所の方などと知り合い、北京の日本人コミュニティを盛り上げ、安全を守るというミッションを共有する機会をいただいたわけだから、いまこそそのネットワーキングを活かして、少しでも自分の存在や行動が他者や社会のためになっていることを証明したかった。実際にどれだけ役に立っていたかは僕が決めることではなく、周りの人たちが判断してくれればいいけれど、その時の自分には、生きていくためのそういうモチベーションが必要だったのだろう。

ちなみに、僕が中国で活動していくなかで、政府（中国政府や日本大使館など）やメディア（日中双方のメディア機関やジャーナリストたち）といった大きな組織の存在を嫌だと感じたり、対抗しようと思ったことは一度もない。僕のような個人がどれだけあがいたところで組織を壊せるわけはないし、組織には組織の、個人には個人のできることがある。合理的な役割分担があるはずだと思って、組織の人がやりにくく、個人のほうが動きやすいことに全力投球すべく、僕なりに頭と身体を動かしながら取り組んだつもりだ。

今振り返れば、日中両国の政府・メディア関係者には本当にお世話になった。一緒に御飯を食べたり、意見交換をしたり、シンポジウムや勉強会でご一緒したり、不安定な日中関係を盛り上げるために、少なくとも僕は同志であると人生の先輩方を認識し、お付き合いさせていただいた。

個人外交を展開する上で、国家という伝統的に外交の主役である魔物に挑戦し、国家が見逃す、あるいは対処できない〝隙間〟を狙ってフットワーク軽快に動くことは必要だが、決してそこで働く人たちを敵だと思ってはいけないし、敵にしてはいけない。そうではなくて、互いの長所と短所を明確にしつつ、コミュニケーションをとりながら役割分担の意識でフットワークを活かすことが大切だと思っている。実際に、そう思って日々を送っていた。僕の言動は何かと物議を醸しやすいし、ほとんどの人からは「加藤さんは敵を作りやすいタイプだよね」と断定されるが、少なくとも僕自身は、政府官僚も企業家もジャーナリストも、日中関係を異なる立場で、同じ目標に向かって盛り上げていく同志だと認識してきた。

彼ら・彼女らが僕のことをどう思っているかは知る由もないが。

人生どう転ぶか分からないなかで

反日デモの現場に赴いたことがひとつのきっかけとなり、僕は翌日4月10日香港フェニックステレビの生番組に出演し、「日本人として危険は感じなかったか」、「こういったデモを引き起こした原因は日中どちらにあるか」といった質問をめぐって、香港スタジオにいる著名キャスター胡一虎《フーイーフー》氏とやりあった。この時の情景と僕のコミットメントをめぐっては拙書『われ日本海の橋とならん』をご参照いただきたいが、僕はこのテレビ生出演をきっかけに、日中関係という時代の枠組みを舞台に、テレビや新聞で発信していくようになる。人生におけるひとつのターニングポイントになったことは間違いないと思っている（それが正しかったかどうかは死ぬまでわからない。僕は人生の総評価は死ぬ直前に5分くらいで簡単に振り返ればいいと思っている。あとは社会や歴史に評価してもらえばいい。僕の人生は決して僕だけのものではない。所有権は社会や歴史にあると思っている）。

たまに、なぜ自分はもの書きをするようになったんだろうと、不思議に思うことがある。幼い頃から表現すること自体は好きだったけれど、それは全身を使ったプレゼンテーションだったり、自ら率先して行動するような意味における自己表現がほとんどだった。作文はずっと苦手だったし、他者と会話したり空気を共有するわけでもない、ひきこもりを彷彿させるような執筆という作業は退屈極まりないものだと思っていた。

人生本当にどう転ぶか分からない。僕はメディアや論壇で発表する文章は中国語が最初で、その後日本語、英語と広げていったが、いまでは〝書くこと〟が日課となっている。ランニングと共に、人生に欠かせない重要なピースのような存在だ。しかも、テレビでの表現よりも〝書くこと〟のほうが気に入るようになった。自分でも驚いてしまうくらいに。これから人生がどのように展開していくにしても、〝活字のチカラ〟を信じて、生涯〝書くこと〟と向き合い、そこから何かを学び、伝えていきたいと思っている。

2003~2012年における「日中関係と私」という観点からすれば、記憶として印象に残っているのは前述の2005年反日デモ以外に、2007年末から2008年初頭にかけて、千葉、兵庫両県で中国製冷凍ギョーザを食べた計10人が下痢などの中毒症状を訴えた「毒ギョーザ事件」がある。

同事件は2014年1月、河北省《ハーベイ》石家庄市《シェージャーヂュワ》中級人民法院（日本での地裁に相当）が「ギョーザに毒物を投入した」として、危険物質投与罪に問われた製造元「天洋食品」の元臨時職員・呂月庭《リューユエライン》被告に無期懲役の実刑判決を下し、ようやく一段落した。〝解決〟までになんと6年という時間を要したのである。

僕は2008年3月から香港系鳳凰網《フォンファンワン》というウェブメディアでブログを始めたが（http://jiateng.blog.ifeng.com/）、開始直前に起こり、同時進行で事態が深刻化していた毒ギョーザ事件が、最初のフォーカスだった。

《ギョーザ事件は私たちに何を伝えているか？》（2008年3月5日）では、日中の政府とメディアが一つの事件に対して全く異なるスタンスと主張を持っており、そのことが事件の解決を困難・複雑にしている点を指摘した。

本来であれば一刑事事件に過ぎない案件が、日中関係という国家間関係や外交マターにまで〝発展〟してしまい、その過程で特に日本国民の中国社会に対する感情や信頼が著しく悪化してしまった。

国民の生命や安全に関わる問題なだけに、日本メディアは取材を徹底し、報道を加熱させた。一方の中国メディアだが、当局からの取材・報道規制もあってか、表面的で、且つ中国当局の見解しか流されない様子だった。実情を知らされていない中国人民は当初は冷めていたが、のちに「日本メディアがまたチャイナバッシングを繰り広げている」といった情報がネット上などで広まるに連れて、中国人の対日感情も次第に悪化していった。

政治体制の違いから生まれるメディアの立ち位置をめぐるギャップ自体も〝国民感情・相互理解〟という観点からすれば日中関係の不安要素になるが、そのギャップが〝情報の非対称性〟を創造し、受身の姿勢で感情的に反応する傾向にある両国民の間接コミュニケーションを、更に複雑でセンシティブなものにしてしまう。

まさに、近年の日中関係の問題構造を象徴するような事件だと僕には思えた。そこで、北京大学の学士論文の作成過程で、毒ギョーザ事件をケーススタディにして日中関係の問題構造を考えることに決めた。タイトルは『〝毒饺子〟风波：论中日合作处理突发事件的经验与教训（The Poisoned Dumplings Event: Lessons from the Sino-Japanese Cooperation to Tackle Emergency Events）』で、毒ギョーザ事件の発生過程を振り返りつつ、日中関係が解決しなければならない課題を、①体制の違い（長期的課題）、②パーセプションギャップ（中期的課題）、③危機管理メカニズムの欠如（短期的課題）と結論づけた。

毒ギョーザ事件から見える三つのポイント

僕がこの3点を通じて主張したかったことは以下のような流れである。

①日中間の政治体制や価値観の違いは教育のあり方（特に歴史教育）やメディアの報道姿勢に確かな影響を与える。

②その過程で両国民の歴史的事実、突発事件などに対する認識（パーセプション）は乖離していき、常に〝情報の非対称性〟のなかで両国民は間接的にコミュニケーションを取らざるをえない状況に追い込まれる（面と向かって直接コミュニケーションを取れない国民がほとんどで、大多数の日中国民はメディア報道という間接情報に依拠して互いを認識している）。結果誤解が生まれ、誤解は摩擦を呼び、そんな大衆世論の下で両国政府は外交をしにくくなる。

③歴史認識、領土摩擦、食の安全などあらゆる分野で発生する突発事件を有効に解決するための危機管理メカニズムが両国社会には備わっていないことが、日中関係・交流をより一層脆弱でリスキーなものにしている。

僕が学士論文で指摘した3点は、今に至っても自分が日中関係をウォッチし、分析する上での枠組みとして、研究・執筆活動を支えてくれている。と同時に、単なる分析の〝対象〟としてだけではなく、僕自身の中国における言論活動もこの3点によって大きく左右されてきたものだと、今となっては振り返ることができる。

愚痴を漏らすわけではないけれど、日中間における、①体制の違い、②パーセプションギャップ、③危機管理メカニズムの欠如という三つの側面を前に、僕はいつも〝挟み撃ち〟を食らっているような心境でいた。僕は弱かったから。

北京大学大学院で書いた修士論文では、①毒ギョーザ事件、②東シナ海ガス田共同開発をめぐる問題、③尖閣諸島をめぐる領有権問題の三つをケースに、当時台頭していたインターネット上のナショナリズムが中国の対日外交に及ぼす影響を検証した。論文のテーマは『〝网络民族主义〟対中国対日外交的影响（The Impact of "Net-Nationalism" on China's diplomacy toward Japan)』で、中国外交部や公安部といった政府機関の政策決定者に対して「対日関係をめぐる政策を企画・実行・評価する際に、ネットナショナリズムの影響を受けたり、〝脅威〟に感じたことはありますか?」という質問を中心に取材を重ね（取材を受けてくれた役人全員が〝YES〟と答えた)、それらの証言や僕がネット世論やネチズンたちの発言を整理・集計したデータをもって、中国の対日外交政策立案者たちが感情的で極端になりやすいネットナショナリズムの影響を確かに受けていて、そこに警戒・迎合するあまり、日本側との政策協調や共同作業にも芳しくない影響が出ている現状を指摘した。

とりわけ、②、③に関しては、中国外交当局はインターネット上の反日的な世論を必要以上に気にしていて、そこに遠慮する余り、日本との関係づくりに消極的になる場面が多々見られた。

たとえば、2008年6月18日、胡錦濤国家主席の訪日を経て（5月6日〜10日）、日中間で東シナ海における共同開発について合意に達した成果が両国政府によって公表されると、中国大衆世論では「外交部は日本に妥協したんじゃないのか！」という反政府キャンペーンが広がりかねないほどの反発が生まれた。

結果的に、6月19日、当時外交副部長を務めていた元駐日大使武大偉《ウーダーウェイ》氏までが表に出てきて、①合意は中国の東シナ海における主権を損なうものではない、②中国側は日本側が主張する〝中間線〟を認めたわけではない、③〝春暁《チュンシャオ》〟（日本語で〝白樺〟）油田は共同開発ではなく協力開発（中国語で〝合作開発〟）だ、の3点を主張した。僕は、東シナ海のガス田開発をめぐり日中間で協力の第一歩を踏み出したにもかかわらず、その後中国側が消極的になり、2014年現在に至るまで具体的な進展が見られない背景には、ネットナショナリズムという中国外交（内政に対しても見られるが）にとっての〝新たな脅威〟の影がちらついていると論文では指摘したし、現在に至るまでその見解は基本的に変わらない。

ちなみに、同じく2008年6月、僕は中国のあるメディアに東シナ海のガス田開発をめぐる現状と問題点を整理するための原稿を書こうとした。編集者も「それは重要な原稿になる」と興味を示してくれたが、僕が日中双方の主張と立場を併記した図表を作り、「これも本文と一緒に載せてください。まずは違いを知るところから始めないと、対話の窓は開かない」と伝えると、最初は納得していた編集者も、上から圧力がかかったのか、「加藤さんごめんなさい。それはできない」と言い渡された。彼には彼の立場があると思い、理由は追及しなかったけれども、おそらく、そもそも日中関係をめぐる（特に歴史と領土に関する問題）主張や立場の違いを読者に知らせることに消極的、というかタブー視している中国共産党の監視下に置かれたメディアにできることは限られていたのだと思う。

知るべきことを知らされない中国人民。そんな人民たちの感情や欲求に応えなければならない中国指導者・外交当局。こういう状況下において、果たして健全な外交政策を打ち出せるのだろうか。僕はこれからも中国における世論と外交の関係、ナショナリズムと政策履行の関係を肌身で感じ、考え、その内実をしかるべき処に訴えていきたいと考えている。

誰からも理解されない状態は正しい

2010年9月、中国漁船衝突事件が尖閣諸島沖で発生した頃を境に、日本メディアにおける発信も増えていった。誤解や憎しみがぐちゃぐちゃに交錯している日中政治・社会環境のなかで、日中双方の言論市場に対して日中関係をめぐる問題や日中双方の国内問題を発信していくことは容易ではなかった。

日本では「あいつは中国共産党の回し者だ」と言われ、中国では「あいつは日本政府のスパイだ」と言われる。いろんな人が、いろんな形で僕のことを批判し、警戒し、潰そうとしていたように思う。

僕はただ、北京でゼロから始め、学んだ中国語をフルに使って、自分がひとつひとつ積み上げてきた経験を元に、お付き合いのあるメディアで語り、書き、学術シンポジウムや大学などで自らの考えを発信してきただけだ。誰の代弁をするわけでもなく、自らを代表して。もちろん、その過程で日中双方の政府官僚や学者の方々と知り合い、交流することはしばしばあったが、すべては自分なりに日中関係の現状を理解し、分析し、発信していくための糧だという認識に基づいた行動だった。

そもそも、僕みたいな後ろ盾もない若い個人に、中国共産党や日本政府のエージェントが務まるわけがない。この10年間を通じて、ずっと感じていたことだけれど、少なくない人が僕のことを過大評価している。今に至っても、僕は本当に何者でもない。後ろ盾もない。頼れる組織もない。すべて自分で考えて、自分で行動して、自分でバランスをとって、自分で評価している。

すべては自分で始まり、自分で終わる。

自由な反面、孤独で（孤独は好きだけど）、時に悩んでしまうこともある。何を言っても必ず誰かには嫌われる。何も言わなくても必ず誰かに罵られる。どう工夫して言っても、必ずツッコミは入る。

苦しくなかったといえば嘘になる。日中関係が悪くなれば必ず僕への風当たりは強くなる。中国で反日感情・現象が広まれば、日本人から僕へのバッシングが強くなる。日本で反中感情・現象が広まれば、中国人から僕へのバッシングが強くなる。この10年間で、日中両国民の相互感情が〝平穏〟だった時期はほとんどなかったから、批判と罵倒の嵐にさらされるなかで、僕がようやく辿り着いたひとつの境地がある。

誰からも理解されない状態は正しい。

根拠は特にない。ただ、中高時代に陸上競技をやっていたおかげで、精神的に踏ん張ることの大切さは学んでいた。

〝文武両道〟という日本の素晴らしい伝統文化精神を中高時代に学べたことで、中国という異国の地で闘っていく上で必要不可欠な基礎を手にすることができた。日本の教育、そしてお世話になった先生たち、クラスメート・チームメートたちに心から感謝の意を伝えたい。

要所要所で我慢したり、気持ちを切り替えたり、ランニングをして気分転換したりして、なるべく考え過ぎないように、平常心を保つように心がけはしたが、それでも常に不安で、怖くなったことはしばしばある。現実逃避をしようと思ったことはいくらでもあるし、「伊豆の田舎に帰ってのんびり野菜や果物を作ろうかな」なんて思ったこともたくさんある。

もちろん、「だから僕は日中関係の犠牲者だ」などと言うつもりは毛頭ない。繰り返しになるが、僕はあくまでも複雑で迷走する日中関係という時代的産物を追い風にして、独自のポジションを見つけ、日中多くの方々にお世話になりながら、ご教授いただきながら、個人という立場で言論活動を展開することができた「日中関係の受益者」である。

甘えは許されない。

言い訳は許されない。

逃げることは許されない。

局面を突破できなかったり、嫌われたり、罵られたり、ツッコミを入れられたりするのは、すべて僕の力不足だ。それ以上でも以下でもない。それに、昨今の日中関係の問題構造を考えれば、すべての人に好かれて、褒められて、評価してもらえるなんて現実的ではないし、仮に僕がそれを望んでいたとしたら、それは思い違いもいいところで、傲慢極まりないというほかない。

事実、今振り返れば、僕は調子に乗っていただけではなく、傲慢極まりなく、自らの存在や役割を過大評価していた。他者や社会だけでなく、自分さえも加藤嘉一を過大評価していたのだ。

「こういう情勢だからこそ自分が頑張らなければいけない」という使命感を抱いていたことは確かだ。しかしながら、その思いが行き過ぎてしまい、自らの心のなかに驕りや偏見が生まれたことは否定しようがない。

要するに、無知で未熟だったということだ。

第5章

言論統制の網目をくぐりぬけて

「中国共産党は最近〝文化体制改革〟という政策を打ち出していますが、ひとつ皆さんにお聞きしたい。文化に体制などあるのですか？　より具体的に言えば、〝文化〟と〝体制〟をくっつけるお上の政策をどう思いますか？」

2011年10月17日夜、僕は北京大学の隣にある清華大学で講演に臨んでいた。普通の教室に約300人の学生が集まってくれた。世界各国の各地にある大学を講演で廻り、現地の学生たちと交流することは僕にとってライフワークの一つだ。中国の大学生はコミュニケーションに貪欲で、僕のような外国人にも政治や経済、外交や社会問題など、忌憚なき議論をふっかけてきてくれる。彼ら・彼女らとのガチンコトークは望外の喜びであり、この上ない快感だ。

議論とは人間にとって本能そのものである。

さすが北京大学と並んで中国の最高学府と言われる清華大学のエリート学生だけある。語り口調から僕が中国共産党の文化体制改革に反対であることを瞬時に聞き取っていた。

その後、ある男子学生が丁寧に挙手をして、僕が指名すると立ち上がって論を展開し始める。

「加藤さんは〝政府が言論統制や社会規制を強化するための措置〟と文化体制改革を認識しているのだろうし、だからこそ反対しているのでしょう。しかし、冷静に考えてみてください。中国民衆は愚かなのです。だからこそ、政府が民衆を正しい方向に導いてあげないといけない。さもないと、この社会は間違った方向に進んでしまうことになる。そう考えれば、政府が言論・思想・文化などの分野で積極的な役割を果たすことは正しいだけでなく、必要だと言えます」

なるほど、『リーガル・ハイⅡ』に出てくる羽生先生のようなことをおっしゃる。

清華大学から政界を目指し、その後国家主席にまで上り詰めた「胡錦濤さんも学生時代はこんな風だったのかなあ」なんて想像してしまった。

中国という、社会主義イデオロギーがバックグラウンドに横たわっている特殊な政治環境では、常に政治的に正しい論理を主張しなければ這い上がれないのだろう。

胡錦濤氏が大学生だった頃も、ポスト冷戦時代に突入した今日も、中国の〝政治エリート〟にとっての「イデオロギーとの付き合い方」「共産党との付き合い方」「権力との向き合い方」は何ら変わらないのかもしれない。だからこそ、僕は時代の変化に伴って必然的に起こる〝世代交代〟現象が中国の民主化やレジーム・チェンジを促す可能性に対しては悲観的な見方をしている。2012年の夏から拠点としているハーバード大学で進めている中国民主化研究の中で、「世代交代は民主化を促進するか？」というテーマを扱っているが、当初は「グローバルな環境で、国家が改革開放政策を進めていく中で、インターネットなどを通じて世界のあらゆる情報に通じている新しい世代が大人になり、政治の主人公になれば、中国もマルクス＝レーニン主義とか毛沢東思想を放棄はしないまでも、その影響を弱体化させ、西側の自由民主主義を独自のスタイルでキャッチアップしていく、この方向性は揺るがないのではないか」という仮説を立てていた。しかし、研究を進めるうちに、前述のとおり、世代は変わっても、人々の政治意識や権力関係、イデオロギーに対する基本的スタンスは変わらないどころか、若い世代ほど保守的で、既得権や既存の政治ロジックにしがみついているような気がしてならない。

むしろ、昔に比べて、競争が激化しただけでなく、良くも悪くも「エスタブリッシュメント」が官僚組織の人事構造を支配するようになってきている。科挙の伝統の影響で「試験→官僚→昇進」という中国的なメリトクラシーは人々の観念の中に生き続けるものの（中国では「勉強ができる」＝「頭がいい」＝「エリート」＝「勝ち組」という考え方は根深い）、一方でいかにも「ザ・チャイナ」的でエキゾチックな「コネの論理」も社会の隅々で機能している。伝統・慣習・制度・国情など、あらゆる要素が複雑に絡み合う渦の中で、学生たちは「政治」という魔物を前に、以前よりも身構えるようになっている、というのが僕の正直な感想だ。

テーマの直前変更は日常茶飯事

男子学生の発言を受けて、僕は静かに言葉を返し始めた。

「社会を運営していく上で、あるいは社会が運営される中で、100%市場任せということはありえない。社会福祉や治安維持など、政府が積極的な役割を果たさなければならないことはいくらでもある。しかし、言論や思想といった〝文化〟の分野に関して、昨今の問題は皆さんご存知のように、政府の市場に対する干渉や規制が厳しすぎることだ。新聞記事やテレビ番組、映画制作や出版事業などを含めて、現場で働いている人たちが〝何をしてはいけないか？〟ではなく〝何を産みだしていけるか？〟という点に時間やエネルギーを費やすことができれば、中国版ルネサンスといっても過言ではないくらいの文化的繁栄を迎えることができるかもしれない。中国ではそれだけの資本や人材が育ってきている。よって、少なくとも文化産業に関しては、政府は規制を強化するのではなく緩和すべきだと僕は考えます」

清華大学の学生は北京大学の学生に比べて思想的に保守的なのか、あるいは官僚志望の学生が多くて無意識のうちに発言が政府擁護的になるのか、僕の主張に対しても首を傾げる人が少なくなかった。もちろん、僕のような見方に賛同し、拍手をくれた学生もたくさんいた。現場の皮膚感覚では、「政府が民衆を誘導すべきだ」に賛成する学生と「政府は市場に干渉すべきではない」に賛成する学生は50％－50％といったところだった。「北京大学だったら20％－80％くらいでリベラルの勝ちかな」なんて考えながら。

実はこの講演会、清華大学で当初考えていた講演テーマは台湾問題であった。僕自身が少し前に初めて台湾へ赴き、1週間ほど滞在したこともあり、現地での感想や中国と台湾の関係などを清華大学の学生たちにフィードバックしたいという思いがあったからだ。

しかし、直前になって講演会を担当する学生幹部からメールが入った。

「加藤さん、本当に申し訳ございません。ご存知のように、台湾問題は中国ではとても敏感で、大学当局も予測不可能の事態が起こるのではないかと心配しています。大学側としては、講演のテーマを〝台湾〟から〝文化〟に変えてほしいとのことです。いかがでしょうか？　ぜひ〝文化〟を切り口にお話しいただければと思います」

さらっと読み終えると、僕は考えたり時間を空けるわけでもなく、速攻で返事を書いた。

「ご事情、そしてご苦労はお察しします。承知しました。それでは〝文化〟を切り口に語らせていただきます。それでは当日お会いしましょう」

別に驚きはしない。

中国では「この手の事態」は日常茶飯事だから。

過去において、浙江省《ジャージャンしょう》杭州《ハンチョウ》市にある浙江大学に講演に行った際には、北京から杭州に到着して、講演を6時間後に控えている状況で突如大学側が「やっぱり講演は開催できない」という判断を下し、連絡係だった学生が申し訳なさそうに僕に電話をしてきた。ただこの時は、大学側の一方的な決定に屈さない浙江大学の学生たちが頑張ってくれた。こういう事態に陥ることを予想していたのか、即座に大学付近にある書店と連絡を取り、小規模の講演会を開催することができた。普段は30人くらいしか入らない小さな書店に200人以上がぎゅうぎゅう詰めになって、日中関係から中国の国情、大学生の未来までありとあらゆるトピックをガチンコで語り合うことができた。

中国西南部に位置する直轄市、重慶《チョンチン》市に講演に出かけた時のこと。断続的に緊迫化する日中関係や重慶という日中戦争時に戦場となった土地柄もあり、大学側はピリピリしていた。僕にボディガードを2人つけ、学生たちに見つからないように裏口から控室に押し込められた。

控室では、重慶大学共産党委員会のお偉いさんがやってきて、「私は加藤先生なら学生たちとトラブルを起こすことなく、友好的なムードの下イベントを成功させることができると信じていますよ」という声をかけていただいた。実際に、講演会は成功し、現場レベルにおけるピリピリムードは杞憂に終わった。

当時は重慶大学での講演会以外に、書店での講演会も予定されていたが、前日になって重慶現地の公安局から突如「開催を中止しろ」との命令が下され、書店の関係者から「申し訳ない」という電話をいただいた。

清華大学の例、浙江大学の例、重慶書店の例。

「だったらはじめからそう言ってくれ」とツッコみたくなるものだ。
「だったら最初から文化をテーマに講演すると決めればよかったではないか」
「そもそもダメならわざわざ杭州までこなかったよ」
「今更言われても。もう新浪微博《シンランウエイボー》（中国版ツイッター）を通じて重慶の人々に告知してしまったじゃないか」

こうやって愚痴を言いたくなる。

ただ僕は直接の担当者（大概の場合、大学の学生幹部や書店の若手スタッフなど）に愚痴を言ったことはない。そもそも担当者は意思決定者ではないし、むしろ彼ら・彼女らは純粋にイベントを成功させ、有意義な交流を実現させたいという情熱で懸命に動いてくれている人たちだ。とにかく政治的リスクを取りたがらない大学当局と、思い切った内容を語ってくれる講師に会いたがる学生の間で板挟みとなっているのだ。講師やテーマの選定、時期や場所の選択などで創意工夫し、少しでも大学側に警戒されないように、地元の公安当局にイベントが壊されないように、〝隙間〟を縫いながら何とかイベント開催にこぎつけようとする。

ただ、実際は準備の過程で大学側からNGを出されることは多々あるし、ネット上にイベント開催の情報が流れたり、キャンパス内に張り紙が出回ったりするようになると、不測の事態を最も恐れる公安局が何の根拠や説明もなく「中止しろ」と、何の罪もない学生たちを一方的に黙らせることだって日常茶飯事だ。僕のように、すでに講師が遠方から現地に来ているのに、イベントを直前になって中止にしなければならないことだってしばしばある。

明確な理由や説明可能な根拠などない場合がほとんどだ。規制する側が主観的に「これはだめだ」と感じる対象を力の論理で、トップダウンで潰していくのだ。潰される側が反抗したところで何も変わらないし、勝ち目もない。下手に抗議をして、デモ集会などのアクションを起こせば、その学生は牢屋にぶち込まれて、生涯のキャリアが粉々に砕け散ってしまうかもしれない。

そもそも、中国の文化や中国人の伝統的人間関係からすれば、「遠いところはるばるいらっしゃったお客さんを熱烈に歓迎すること」は礼儀であり、且つ常態でもある。にもかかわらず、大学側や公安局といった「共産党政権下における政治の論理」で考え動く人たちの鶴の一声によって、お客さんを追い返さなければならない学生たちの気持ちを考えるたびに、僕は心が痛めつけられ、苦しくなる。そうなった場合は、学生を連れだして、ビールと手羽先を食べながら朝まで政治を語り合うようにしている。さすがに道端のレストランで討論をする現場にまで公安は干渉してこない。監視と尾行が施されるケースは頻発するが。

講演会ひとつ開催するにも命がけ

学生たちはただ多様な言論に触れ、自らの知的好奇心を満足させたいだけなのだ。イベントを通じて反共産党集会デモを組織したり、政府を乗っ取ろうとしたりしているわけでは決してないのだ。

ただ、１９８９年、胡耀邦《フーヤオバン》元総書記の死去に際して、民主化を求める大学生が天安門に向かったようなケースが歴史上存在するため、同じような事態の展開を恐れる公安当局はとにかくあらゆる芽を潰そうと躍起になっているのである。

単なる学術交流といえども、僕のように中国社会でそれなりに名の知れた人間が大学に来るとなると、教室は人の海になるし、それに便乗して反日運動を起こそうとしたり、質疑応答の過程で場が盛り上がりすぎて収拾がつかなくなったり、最悪の場合には、大学とは無関係の〝反日家〟が僕のような日本人を招待した大学を売国奴扱いして、世論や地元で吊るし上げるキャンペーンを始めるかもしれない。仮にこのようなことが起きれば、僕もただでは帰してもらえないだろう。拘束や拷問が待っている可能性だってあるのだから。

ただでさえ「いつ何が起こるか分からない」緊迫した状況に晒されているのに、人々が感情的、扇動的になりやすい日本という不安要素を自ら持ち出すリスクを、大学側は取りたがらないのである。

僕と学生たちの事前連絡や当日の連携は、こういった緊張感の中で行われるのだ。講演会ひとつを開催するにも命がけであり、常に「キャリアが終わるかもしれない」、「二度と表舞台に立てなくなるかもしれない」、「牢屋にぶち込まれるかもしれない」、「二度と中国から出られないかもしれない」、「二度と中国に入れないかもしれない」といった恐怖と闘いながら議論や交流に挑むのである。僕にとって、議論の対象である大学生が相手のはずだが、真の相手は中国共産党である。権力からの干渉や弾圧を如何にして逃れるか。この問題を解決しないことには議論を始めることすらできない。もちろん、議論の内容によってはその場で拘束され、長い長い拷問にかけられた挙句、生涯を棒に振ってしまうかもしれないのだ。

僕は毎回講演会に挑むたびに、どうせ語るなら少しでも多くの人たちに聞いてほしいから、約150万のフォロワーがいる中国版ツイッターで告知しようと試みるが、当惑する事態にたびたび直面する。情報を公開することによって地元の公安が必要以上に警戒し（僕の携帯電話はすべて盗聴されていて、公開するツイッターやコラムなどはすべて共産党システムの中でトレースされている。電話やメールでは固有名詞は決して使ってはならない。情報交換などで頻繁に連絡を取り合う相手とは暗号を使っている）、挙句の果てにはイベントそのものが中止に追い込まれては本末転倒であるから、あえて告知しないこともしばしばだった。やりきれない思いに駆られる。

共産党当局とのせめぎあいは、実際の空間に足を運ぶ講演会などのイベントだけではない。新聞や雑誌に寄稿する際にも、日中関係や中国社会問題などを扱った内容が敏感すぎるとの理由で「ボツ原稿化」（僕の中では、〝原稿ボツ化〟と〝講演会中止〟は同じ性質の事態を意味する）してしまうのはよくあることだ。そのたびに担当の編集者からは「ごめんなさい」メールが送られてくる。

中国言論界の真実

中国人カウンターパートと付き合ったり、一緒に仕事をしたりしながらいつも思うことがある。

「現場の人間は悪くない。みんな死に物狂いで頑張っている」

という僕なりに感じて来た〝中国言論界の真実〟である。僕は中国社会で言論という分野に挑む人たちを心から尊敬している。誰にでもできることではない。

「どこまでは書いて良くて、どこからはボツ原稿化するか」という紙一重のさじ加減をめぐる見えない基準のことを、中国語で「尺度《チードゥー》」と呼ぶ。情勢やメディアによって「尺度」は異なる。共産党大会が開催されているときには「尺度」は小さくなる。即ち、書ける内容はより限られてくる。共産党批判に当たる内容は（日頃は書けたとしても）一切書けなくなる。

また、日中関係が緊張している時期は、日中関係の言論に関する「尺度」は必然的に小さくなる。当局が報道規制を強化する場合もあれば、現場の人間が自ら判断して自粛することもある。大概の場合はこの両者が同時に起こっている。この10年間、日中関係が断続的に緊張している事情もあり、中国メディアで書ける内容や視点は限られたものとなっている。

ＣＣＴＶ（中国中央電視台＝中国における国営中央放送局）や「人民日報」といったガチガチの党機関メディアでは、当然書ける内容は限られてくる。ＣＣＴＶの生出演トーク番組に関しては、日本のテレビのように膨大な台本を渡されることはなく、事前にディレクターが近寄ってきて、一言「加藤さん、今日はＸＸには触れないでね」とだけ伝えてくる。

たとえば、僕が中国にいた２００３年から２０１２年の9年間、日本では計7人の総理大臣が現れた。そのたびに中国メディアは新総理の家系や特徴、理念や政策目標などを研究し、僕もそこにコミットしていった。

民主党の菅直人氏が総理大臣になったときのこと。その日の夜もＣＣＴＶの評論番組でコメンテーターを務めたが、同氏が市民活動家として草の根活動に尽力してきたことと、「菅」という姓が珍しいということで、そこにフォーカスを当てて国民の関心を引こうということになった。

逆に、ディレクターから釘を刺されたのは「加藤さん、菅直人氏が取り得る対中政策は自由に議論していいけど、日中の政党政治のあり方を比較することは控えてね」ということだった。

僕がＣＣＴＶだけでなく、他の紙媒体や中国の大学、シンクタンクでの討論過程で感じていたことだが、日本自由民主党は中国共産党が最も真剣かつ綿密に研究していた政党のひとつだった。民主主義と政党政治にもとづきながら、〝55年体制〟の枠組みの下、これだけ長い間安定政権として日本の高度経済成長を支えてきた歴史的事実がその根拠となっていた。政治体制は違えど、まさに今現在、あらゆる問題を抱えつつも高度経済成長に向き合う中国共産党としては、日本自民党の政治から学ぶ教訓は多々あると考えるのも不思議ではない。今後進めるかもしれない政治体制改革の先に、自民党の政治をイメージしているのかもしれない。

ただ2009年に政権交代が起こり、自民党は野党に退いた。中国共産党はショックを受けたというよりは、政権交代後の日本政治がどう変わるのか、機能するのかを注意深くウォッチし、政府系シンクタンクの研究者たちに分析させていた。

少なくとも、プロパガンダをつかさどる中央宣伝部から各メディアに、「日本の政党政治、政権交代に関しては慎重に報道せよ」という指令が出ていたことは間違いない。それに、〝日本〟というファクターはただでさえ中国社会では敏感な反応を起こしやすいもので、メディア人も知識人も、もっと言えば学生や一般人も、一旦「媚日派」のレッテルを貼られてしまうと、大衆世論やナショナリズムの敵と化してしまう。共産党当局のブラックリストに名を連ねることにもなる。大衆から「媚日派」の烙印を押されることを最も恐れているのは他でもない中国共産党であり、だからこそ、共産党当局は「媚日派」と言われる人間たちをマークせざるを得ないのだ。そういう構造である。

外国人にしか出来ないこと、外国人だからこそ出来ること

さて、ディレクターや編集者から来る「XXには触れないでね」のXXの内容に関して、大概は上記で示したような政治・歴史・宗教に関わるワードであるが、その時々の情勢に応じて、「ジャスミン革命」「天皇」「チベット動乱」「ダライ・ラマ」「靖国神社」「反日デモ」「口パク（北京五輪開会式時の女の子）」「共産党内の権力闘争」「航空母艦」「金正日死去の可能性」「オレンジレボリューション」（中央アジアの民主化革命）など、中国共産党にとって〝敏感性〟を意味するキーワードや、「えっ、中国共産党って大丈夫なの？」と民衆に〝連想〟させるような内容も、往々にして語ったり書いたりすることが禁止された。特にアラブ中東でドミノ式に勃発したジャスミン革命に関しては、当時の国際世論が「次は中国か？」という傾向に流れていたこともあり、編集者からは「加藤さん、ジャスミン革命そのものの分析は自由にやってくれ。ただ、それと中国を関連付けたり、比較したりするのは控えてください」という指令が来たのを覚えている。

僕は基本的にディレクターや編集者たちの意向を尊重していた。別に彼ら・彼女らが悪いわけではないし、郷に入れば郷に従えというルールはイデオロギーや政治体制にかかわらず、何処の国・社会へ行っても存在する。仮に中国の言論統制が耐えられないなら止めればいい。

嫌なら出て行けばいい。

僕は言論統制の中で語れるところから発信していく、その過程で中国の言論多様性を促していくことに意味があると思っている。それに、外国人である僕の「尺度」は中国の知識人たちよりも広いのだ。

後述するが、「中国の政治体制に三権分立を包容する可能性はあるか?」といった議論を中国人が展開することはほとんどない。リベラル派の知識人が問題提起をしたりキャンペーンを張ったりしたことはあった。例えば、「零八憲章」(作家 劉 暁 波《リューシャオボー》氏らがインターネット上で発表した、中国の政治・社会体制について改善などを求めた連名の宣言文)などがそれに当たる。しかし、すぐに当局によって潰されたり、拘束されたりしてしまう。

一方、僕のような外国人が問題提起する場合は「まあ加藤さんは外国人だし、外国人の視点から見た比較論という意味では許容してもいいか」という具合に、案外自由に語れることが多い(あまり突っ込みすぎるとリスキーではあるが)。それに、僕は中国国民じゃないから、中国当局も僕の言論を弾圧したり身柄を拘束したりするのには消極的にならざるを得ない。下手に動いて、仮に僕が殺されでもしたら、それこそ外交問題に発展する可能性すら否定出来ないからだ。

外国人にしか出来ないこともある。

「自分がヘマをすれば外交問題につながり、日中関係はメチャメチャになってしまうかもしれない」

そういう緊張感は常に僕を悩ませていた。ただ本音を言えば、だから縮こまって慎重になるというよりは、緊張感を克服するために、逆に大胆に突っ込むようにした。前のめりになって、突っ込みすぎたことによって失敗した経験はいくらでもあるが。

ひとつだけ言えることがある。

僕には〝外国人特権〟が与えられていたということだ。「僕のような外国人が、中国人が語れないことを発信しないといけない」という自覚をもって発信する必要があるのだ。「中国をより自由で、開放的で、健全な社会に変えていく」という意味では、中国人と外国人はスクラムを組めるのだ。それは東アジアや国際社会の平和や繁栄に資する進化の現象でもある。共通の目標に向かって、〝適材適所〟で〝役割分担〟をすればいいではないか。そんな風に思っている。

対照的な二つの外国メディア

僕もコメンテーターを務めていたフェニックステレビや、渡米後コラムニストを始めた《大公報》といった香港系メディアになれば「尺度」は緩くなる(ただ、香港メディアとはいえ、視聴者・読者のほとんどは中国人で、広告主のほとんども中国企業だったりするため、そのコンテンツはどうしても〝中国寄り〟で、共産党政権に対しても遠慮がちの迎合した内容に傾いてしまう)。

ケースとして興味深いのが、中国言論市場における外国メディアの生存・発展状況である。ここでは、最も代表的かつ対照的な「英フィナンシャル・タイムズ」(以下FT)と「米ニューヨーク・タイムズ」(以下NYT)中国語版を例に見ていきたい。僕はそれぞれ2008年5月、2013年5月から同紙でコラム執筆を始めているが、両者の中国国内における境遇は全く異なる。

FTは経済・ビジネス・金融系の情報やオピニオンを中心に政治、社会、軍事、ライフ、アートなどのコンテンツもカバーしていくスタイルだが、基本的には共産党が本当に嫌がる分野にはタッチしない。例えば、温家宝《ウェンジャーバオ》国務院前総理にまつわる汚職腐敗やスキャンダルに関しては手を出さない。FT英語版が報じたとしても、中国語には訳さず戦略的に〝自制〟する。

なぜなら、一線を超えてしまうと、ウェブサイトそのものが中国当局によってブロックアウトされてしまい、中国国内で閲覧できなくなってしまうからだ。そうなれば、広告主は当然引いてしまうことになる。即ち、ビジネスとして成り立たなくなってしまう。ＦＴは自らが経済誌であることを大義名分に、政治的にセンシティブな内容には踏み込まず、共産党当局と阿吽《あうん》の呼吸でコミュニケーションを取りつつ、中国におけるビジネスを〝大成功〟させている。

一方のＮＹＴは全く異なるアプローチを取っている。とにかく共産党に喧嘩を売りまくるのである。温家宝ファミリーの汚職や周永康《チョウヨンカン》元政治局常務委員の汚職腐敗などのスキャンダルや、共産党一党支配に疑問を投げかけ、自由民主主義や多党制を主張するような報道も後を絶たない。よって、ＮＹＴは中国国内では基本的にブロックアウトされていて閲覧できない状況が続いている（もちろん、中国は〝隙間社会〟だから特別なソフトウェアを使えば中国国内でも閲覧できる）。ＮＹＴはそもそも政治や外交、社会問題などで国際的な賞を獲得してきた新聞だ。真実を探索し、公開するためなら妥協は一切しない。実際、ＮＹＴのスタッフたちと一緒に仕事をしていても、彼ら・彼女らのジャーナリズムに対する情熱と信念をまざまざと見せつけられる。ファクトを掘り起こすためなら決して妥協はせず、記事を掲載する最後の最後までファクトチェックや内容の強化を怠らないのだ。このスタイルは中国市場でも変わらない。中国共産党にブロックアウトされて読者に届かなかろうが、広告がひとつも入って来なかろうが関係ない。とことん喧嘩を売りまくって、中国共産党とガチンコ勝負を続けるのだ。僕が知っている限り、現在世界中で最も激しく共産党と戦い合っているのは米ニューヨーク・タイムズだと思う。NYTのあるスタッフが以前僕にこう言った。

「我々は正しいことをしていると確信している。短期的には苦しくても、長期的に見れば、誰が最も正しいことをしているかが証明されるはずだ。だから、我々は戦い続ける」

政治リスクを回避しつつ、ビジネスを再優先するFT。

ビジネス利益を損失させてでもジャーナリズムの真髄を追求するNYT。

両紙それぞれ得ているものと失っているものがある。FTはビジネスとしての成功を得て、NYTはジャーナリズムとしての尊厳を得ている。逆に、FTは西側ジャーナリズムからは「中国共産党に迎合しすぎ」と揶揄されるし、NYTは中国という巨大マーケットで稼げずにいる。

僕はどちらが優れていてどちらが劣っていると言っているわけではない。FTもNYTも僕自身が書かせてもらってきた媒体であり、両紙ともグローバルジャーナリズムのフロントランナーとして君臨する先駆的なメディアであることに疑いない。ただ、中国という共産党一党支配下にあり、政治的な規制やセンシティビティが依然として蔓延る言論市場において生き残るには、確固とした戦略と自己定義が不可欠ということだ。

とりわけ統制の厳しい政治・歴史・宗教の3分野

清華大学での講演の2日後、10月19日、僕は英フィナンシャル・タイムズ中国語版における自身のコラム《第三眼》で「文化に体制はあるか？」という論考を発表し、「メディアや出版人たちは何に忙しくすべきか？〝何をするか〟ではなく〝何をしてはいけないか〟という難題に多くの時間やエネルギーを割かざるを得ない現状では、中国は文化大国にはなり得ない。たとえば、私が20万字の本を書いたとして、大概出版できるのは13万字くらいだ。ほかは削られてしまう。そして、削られた7万字は往々にして最も内容が濃く、〝文化的〟な部分なのだ」と僕自身が中国の言論市場で活動する過程で痛烈に感じてきたことを述べ、「中国政府が文化体制改革をするのであれば、〝何を強化するか〟ではなく、〝何を緩和すべきか〟に重点をおくべきだ。中国政府には自らの人民を信じるべき理由があると信じている」と結んだ。

最後の部分は少しわかりにくいかもしれないが、「仮に中国政府が言論統制を止めたとしても、指導部が懸念するような、突如として政府を転覆するような言論が出てくることはない。中国の言論人たちは常識と良識を持ち合わせている。規制を緩和すれば、より理性的、建設的な言論が出てきて、市場に活力が生まれるだろう。生産性に富んだ百家争鳴の時代を迎えるだろう」という意味を込めた。

ちなみに、僕はこれまで機会があるたびに中国の知識人たちに「仮に共産党指導部が言論報道規制を全面開放した場合、中国社会は混乱すると思うか？」と質問してきたが、リベラル派を中心に、70％の有識者は「混乱などしない。むしろ逆だ。政府への信頼を高めて、より健全な議論を展開するであろう」という類の答案を投げ返してきた。僕もそう考える。

実際、中国の人たちは欧米や日本を含めた自由民主主義社会で生きる市民と同じくらい、いや、ある意味それ以上にメディアリテラシーを備えているし、情報収集に対しても貪欲で、独自のルートで情報を集めては、独自のチャネルでクロスチェックも怠らない。性悪説な社会でサバイバルを展開する中国人は、インテリジェンスとネットワーキング力に長けているというのが僕の基本的な見方である。

新聞、雑誌、テレビ、ラジオといった伝統メディアではまだまだ党政府が報道規制を利かせているため、共産党一党支配そのものを否定したり、それに代わるオルタナティブな政治体制を議論したりすることは許されない。出版や学問の自由も保障されていない。基本的に共産党が容認する範囲の中でしか本を出版したり、論文を書いたりできない。

中国人の言論活動にとって、とりわけ統制が厳しいのが政治・歴史・宗教の3分野だ。

共産党一党支配の否定やオルタナティブ（自由民主主義・三権分立・多党制政治など）の提示、台湾・チベットの独立を擁護するような言論はタブーだ。

毛沢東をはじめとする政治家を全面否定することは許されず、逆に天安門事件で学生の側に立った趙紫陽《チャオヅーヤン》元総書記の功績を評価することも許されない。日本の〝対中侵略〟を肯定したりするのもタブーだ。政治的に〝不正確〟の烙印を押されてしまう。「日本との戦争で実際に戦っていたのは共産党軍ではなく国民党軍で、共産党が日本を倒してその後建国をしたという論理は間違っている」といった論理展開もタブーである。

社会主義の否定や、キリスト教など中国のイデオロギーと対立するような宗教を中国社会の主流価値観に据えるような議論もタブーだ（だからこそ、中国はバチカン市国との国交樹立には慎重なのだ。中国には1億前後のキリスト教徒が地下教会を中心に存在すると言われている）。

とはいえ、中国のインターネット人口はすでに6億を越えている。共産党当局はネット規制を日増しに強化し、共産党の転覆を狙ったり、西側の自由民主主義を広げようとするような議論は頭から潰そうとしている。ネット上から関連文章・文言を削除するだけでなく、アカウントを消去したり、場合によっては〝犯人〟を拘束したり、拷問にかけたりすることすらある。

しかし、それでもインターネット上での動きは変数に富んでいる。百戦錬磨の共産党にだって、漏らしてしまう言論や管理しきれない部分も出てくる。

それに、前述のとおり、中国人は極めてインテリジェンス能力に長けている。よって、共産党当局に気付かれないように、「隙間」を狙った議論や発信をすることは得意中の得意だ。

たとえば、アラブ中東地域で連鎖的に発生したジャスミン革命に関して、あの期間は中国当局も、同じような事態が中国にも波及するんじゃないかとピリピリしていたが、人々は「ジャスミン革命」という言葉を使うのではなく、「ああ、美味しいお茶が飲みたいなあ」などと〝JASMINE〟を想起させる文言を使って、アンダーグラウンドに、インターネット上で議論を拡散させようとするのである。

コミットメントが歴史を変える

このような〝隙間〟を狙った議論は別にしても、昨今の中国社会では政治・歴史・宗教の3分野でタブー視される議論や文言を回避しさえすれば、特に経済や社会問題をめぐる政策議論は原則タブーなしに展開できる。人民元の切り上げ問題も、国防費をめぐる論争も、米中関係をめぐる攻防も、貧富の格差や社会保障の欠如の問題も議論できる。都市部で働く農民（＝農民工）が如何に苦しい状況に立たされているかという問題、大学を卒業したにもかかわらず職に就けない若者たちが路頭に迷っている問題、政府役人の汚職や腐敗によって如何に共産党の名声や信頼が傷ついているかという問題……これらの問題は基本的に自由な議論ができる。「共産党の一党支配そのものが変わらないと解決できない」という部分に踏み込まない限りは。

僕自身もこれらの問題を自らのコラムで扱ってきたし、ダイナミックな政策討論に参加させてもらってきた。少なくとも、言論弾圧で異なる価値観を暴力で潰すような文化大革命時代とは違う状況が生まれていると感じている。

だからこそ、仮に中国共産党が報道・言論規制に終止符を打ち、全面開放したとしても、ゼロから百にジャンプアップするような劇的な変化は生まれないだろう。そもそも制度的に言論の自由が保障されていたとしても、社会通念上タブー視されるような分野や文言は何処の社会にもある。日本やアメリカも例外ではない。

人間がつくっている社会であるかぎり、〝言論の統制〟や〝言論の自由〟はあくまでも相対的な産物である。僕は過去10年間の言論活動を通じてそう感じた。

昨今の中国の状況を僕なりに評価してみると、制度的に言論の自由が保障されたとして、その自由度は50から80にジャンプアップするようなイメージだ。

僕にとって中国はライフワークであるし、生涯中国問題を考え、中国人と付き合っていく覚悟はできている。中国の言論市場で発信する僕にとって、その自由度は己の活動状況に直接影響してくる核心的問題と言える。

「中国言論事情」は僕にとって〝分析対象〟というだけでなく、〝生存空間〟そのものだからだ。

僕は傍観者ではなく、当事者だから。

願わくば、僕自身が生きている間に、中国の為政者が自らトップダウンで言論開放をし、政治的弾圧、制度的制約を取っ払い、人々が自由で活発な議論ができる環境が生まれることを祈っている。

ただ、祈るだけではいけない。

真の当事者である中国人だけでなく、観察者でもあり当事者でもある僕のような外国人も、中国の言論空間を少しでも自由で、開放的で、多様性にあふれ、ストレスの少ないものにするために、権力者たちと駆け引きをしながら、全力でぶつかっていきながら、穴をこじ開けていかなければならない。

コミットメント。

それこそが今の時代に求められる、世の中との関わり方なのだと僕は信じる。

言論統制が利いている場所で戦っているからこそ、〝自由〟や〝人権〟に対する飢餓感が生まれる。18歳で中国に飛び込み、言論統制が社会の隅々まで行き渡っている前近代的な社会で発信してきた僕にとって、自由や人権は〝当たり前にそこにあるもの〟なんかじゃ決してない。命懸けでぶつかっていって、生きるか死ぬかという瀬戸際で踏ん張って、興奮して、我慢して、傷ついて、たまに楽しくなって……初めて〝自由〟という高地に上り詰める挑戦権が得られるのだ。

本音を言えば、言論統制の利いた、不自由な環境で言論活動をスタートさせることができたことを、僕は幸運に感じている。自由や人権、そして民主主義がどれだけ尊いものであり、決して天から降ってきたものなどではなく、人類が汗や血を流しながら、自らの手で勝ち取った宝物であるかという真実を身体的に理解できたからだ。

自らのコミットメントが体制を覆し、歴史を変える一端を担うかもしれないと想像するだけで、居ても立ってもいられないほど興奮するものだ。僕は一人の日本人として、中国という権力者による統制が敷かれた場所で、個人として言論を発信し、闘ってきたことを、そしてこれからも闘っていくことを心から幸運に、そして誇りにも思っている。人生を賭ける価値のある仕事だとも思っている。

21世紀という、僕達が生きる時代の〝最大の謎〟が中国であるならば、そういう気持ちはなおさら強くなる。

第6章

〝わたし〟は日本人であるということ

18歳で日本を飛び出すまで、僕は祖国のことが好きではなかった。というより、嫌いだった。息苦しかったから、生き苦しかった。

僕は静岡県田方《たがた》郡函南町《かんなみちょう》にある桑原という場所で生まれた。東海道新幹線の停車駅にもなる熱海駅と三島駅間でただ通過するだけの小さい駅がある。それが函南駅だ。僕が生まれた家はそこから歩いて30分くらいのところにあった。

家は竹林に囲まれ、一面に水田や野畑が広がっていた。日本の典型的な田舎だ。静かで、安らかで、みんないい人達ばかりで、僕はいまでも桑原が大好きだし、日本を離れ、外国暮らしが長くなるに連れて、僕はたったひとつしかないふるさとに対して確かな愛郷心を抱くようになった。

それまでは農村、あるいは田舎で生まれたことになんとも言えない（根拠は特にない）コンプレックスを持っていた。10歳まで伊豆で暮らして、それから父の仕事の都合で山梨県南巨摩《こま》郡身延町という場所に引っ越した。そこにある身延西小学校というところで小学校5年と6年の2年間を過ごした。弟と一緒に野球部に入り、毎日坂道をランニングする日々だった。クラスは1学年1クラスで、身延は函南に勝るとも劣らない田舎だった。僕は自然に囲まれて、釣りやランニングに適した身延の環境が大好きだったし、そこで暮らす人々も愛おしかった。

僕は身延で〝走ること〟という生涯の日課を学んだ。父親の指導の下、毎日弟とバイパスを駆け上がる過程で、〝走ること〟を日常化していった。

僕にとって家族――父・母・弟・妹の存在は言葉で表せないくらい大きい。父親が直感と気合で挑戦した新事業に失敗したこともあり、路頭に迷う日々もあった。家族一丸となって困難を乗り越えようとした葛藤の日々は生涯の財産であり、生き抜くための原動力だ。僕の価値観や人生観、そしてそれらが形成されるプロセスや物語は、2013年に出版させていただいた『不器用を武器にする41の方法』（サンマーク社）で思いっきり書き下した。ぜひ本書と並行してお読みいただければ幸いである。

頭のなかで特にいろいろ考えなくても、勝手に身体が走りだす。そういう感覚を身につけたのは身延で暮らした日々に依拠している。僕にとって〝走ること〟（〝ランニング〟という呼び方でもいいが、僕はなぜか〝走ること〟という言葉が好きだ）は呼吸と同じ生きるために欠かせない行為であり、まさに人生そのものといえる存在だ。そんな生涯のパートナーにそれなりに若くして巡り会えたことを幸運に思っているし、〝走ること〟は僕がその後日本を離れ、中国で戦い、アメリカに来る過程でも一時も僕の元から離れようとしなかった。〝走ること〟がなければ僕はここまで闘うことはできなかった。だから出会いを演出してくれた身延という町には感謝しているし、これから僕なりのスタイルで恩返しをしていきたいと思っている。

ちょっと話がそれてしまったが、素晴らしい環境で幼少期を過ごしたとはいえ、僕の世界観は狭隘だった。小さな世界の中で暮らしていた。田舎は素晴らしいけれど、情報は閉鎖的で、人々は保守的だった。ちょっと変わった存在とか、周りと違うことをする人間を色眼鏡で見る傾向はどこの田舎も同じなのかもしれない。僕は転校生という存在であったけれど、田舎であるが故に人的流動性の低い空間では、新参者は自然と話題や噂の対象になっていく。なぜなら、〝そこ〟で生活する人々にとっては、〝それ〟が非日常だからだ。同級生のお母さんたちが群がっている前を通り過ぎると、彼女らは僕のほうを何気なくチラ見しながら、それから勢いづいたように会話を加速させる。おそらく僕のことを噂しているのだろう。

僕が言う〝保守的〟とはこういう環境のことを指す。新しいモノやヒト、情報や価値観は新鮮で、非日常的な雰囲気を一瞬でも与えてくれるから、珍しがってしばし会話のネタにはなるけれど、決して受け入れない。

日本という島国に生きる人々が外国や外国人と向き合うときにも、そういう現象が発生し、そういう傾向が生産されるのだろうか。

〝走ること〟以外には、世界地図を眺めるのが日課だった。

「ヨーロッパ大陸には何があるんだろう？」

「アフリカの人たちはどんな暮らしをしているんだろう？」

「中国にはまだ竜宮城があるのかな？」

「南極って上陸できるの？」

「アメリカってどんな未開の地なんだろう？」

「コロンブスが漂流して行き着いたキューバの海岸はどんな色をしていたんだろう？」

そういうことを自由気ままに想像するのが好きだった。なぜ好きになったのかは記憶に無い。田舎の生活に何らかの窮屈さを感じていて、目の前に水平線のように広がっていく空間に自然と憧れたのかもしれない。でも僕の窮屈さや憧れの気持ちとは対照的に、周りの人たちはそういう国際関係というか、自分たちが住んでいる土地、そしてそこで起きたこと、起きていること、起ころうとしていること以外には本能的に興味を示そうとしなかった。たまに、ご近所さんと雑談をしながら「XX総理はいい人だねえ」とか、こたつに入ってお茶とみかんを口にしながら、静岡県内で起きた殺人事件をテレビのニュースで見て、「怖い世の中になったもんだねえ」などとつぶやく。その程度だ。

別にそれはそれでいいと思う。人間は知ることによって不幸になったり、居心地が悪くなったりすることだってある。知りすぎてしまうことはリスクも伴う。知らないことが、限られた世界でのほほんと暮らすことが安らかだという見方もできる。僕は海外に拠点を置いて11年が経つ今でも、〝そういう暮らし〟はハッピーだと思っているし、老後は（自らの人生に〝老後〟という産物を存在させるかさせまいか、させるとしたらいつからにするか、という問題に関しては断続的に考え続けているが）伊豆か沖縄か台湾あたりで、〝そういう暮らし〟を実現させたいというささやかな夢だって持っている。

とはいっても、世界地図を眺めながら国際関係を想像することが趣味だった僕と、〝そういう暮らし〟を堪能していた周りの間には、いくらかの乖離現象が働いていたのは確かだ。僕はそこに対して違和感を超えた嫌悪感を抱いていた。

「こんなんでいいのか」

「もっと違った世界を見てみたい」

「一刻も早くここから出たい」

そんな意識を堅持しつつ、でもどうすることもできないまま過ごしたのが僕の幼少時代だった。

「日本はそんな国じゃない」

小学校卒業後は中高一貫教育の山梨学院大学附属中学高等学校に入学した。そこでは一生懸命勉学に励む仲間や、親身になって寄り添ってくれる先生に出会った。学院は英語教育に熱心で、カリキュラムも充実していた。国際関係に興味があって、外に出たかった僕は、〝英語の習得こそがパスポート〟だと信じて、英語だけ（あと世界史をちょっと）はそれなりに頑張って勉強した。

中学3年生のときには、シドニー五輪を直前に控えたオーストラリアに修学旅行に行かせてもらった。初めて外国人の家で10日間ホームステイをした。広大な大地を彷彿させるかのように、細かいことをいちいち気にしないオーストラリアの人々と接するにつれて、「ああ、やっぱり世界は大きかった。僕が想像していたよりもずっと」と強く思うようになった。

「やっと巡り会えた。僕が求めていた環境はこういうものだったんだ」

幼い頃から心の奥底につっかえていたトゲのようなものがとれた気がした。できるだけ早い段階で日本を飛び出して、外国で暮らしながら、異国の空気に触れながら、自らの世界観を形作っていこうと決心した15歳の夏だった。

しかし、その頃は、外国に出ることによって、自らの国家観というか、祖国に対する真心までもが、何らかの形で形成されるとは思ってもみなかった。

人生分からないものである。

北京に到着して約2年が経ち、テレビでコメントしたり、新聞や雑誌で文章を書くようになって、中国で行われている公開討論に徐々にコミットするようになった頃のこと。２００５

年4月に中国全土で反日デモが連鎖的に勃発したこともあり、人々の日本に対する見方はネガティブな傾向にあった。

「日本は軍国主義を復活させようとしている」

北京大学生やお隣の清華大学生らと、小泉純一郎首相による靖国神社参拝や教科書問題などを討論している過程で、突如こんなコメントが聞こえてきた。

「ちょっと待ってくれ」

心のなかで、何かが動いた。

「日本はそんな国じゃない」

「日本人はそんなことを望んでいない」

我に返ったときには、すでにそう言い返していた。

僕は怒っているようだった。

幼い頃から日本のことが息苦しいくらいに嫌いで、だからこそ外の世界へ飛び出した自分。そんな自分が、無意識のうちに、必死になって日本のことをかばおうとしている。そんな自分を、少し距離をおいて眺めてみると、なんだかバランスがとれなくなってきた。

「あれほど日本のことが嫌いだった僕が、日本を弁護している」

不思議な気分になったと同時に、しばらく考えこんでしまった。初めて己の身に降り掛かった感覚の意味が理解できなかったからだ。

自分は一体何者なんだろう？

中国という大地で発信しながら、激動の時代を生きる中国人と対話を重ねながら、己のアイデンティティを問う日々が続いた。心はモヤモヤしていた。

いろいろ考えたが、結局は「僕が日本人だから」という一点に尽きるのだと思う。僕は「日本人だから日本を愛する＝日本人しか日本を愛せない」とは考えない。留学や仕事を通じて日本に長く住んでいる外国の方で、日本のことを日本人以上に大切に思ってくれて、愛してくれている人たちを僕は知っている。

僕がここで言いたいのは、日本を出て、外国の人々と日本に関する議論を繰り返しながら、少なくとも自分から見て〝日本は誤解されている〟と感じたら、自分なりに勉強して、外国の人々に自国の問題を提起していく使命感というか、自然な欲望が生まれてきたということだ。

ではなぜそのような使命感や欲望が生まれてくるのか。

それは僕が日本人で、潜在的に祖国、郷土に対して一種の愛情を抱いていたからであり、外国人（他者）とコミュニケーションを取る過程で、その愛情が初めて自分の中で開花し、問題意識が生まれ、行動につながったから。

自分なりに「僕が日本を好きになった理由《わけ》」をそう理解している。そして、そういう境地に辿りつけたことに、僕は心から安堵と感謝の念を抱いている。

言うまでもなく、外国人にだって日本を愛する権利はある。そして、日本人にも外国を愛する権利がある。国際化が進み、米ニューヨーク・タイムズのコラムニスト、トーマス・フリードマンが著書で主張を展開したように、「世界はフラット化している」。

しかも僕はメディアや論壇を通じて言葉を発信する立場にいる人間だ。日本人であるという身分に変わりはないし、日本人であるがゆえの偏見や固定観念は避けられない。でも日本人だから日本びいきをする。日本政府の主張を結論ありきで正当化し、外国政府の言い分を頭ごなしに批判する。そういうスタンスでは言論人失格だと思う。

真に独立した言論人とは、どこに身を置こうと、観察や分析の対象が誰であろうと、何であろうと、自分がそう主張する〝証拠〟と〝論理〟をとことん集約させて、クリティカルに語り続ける人たちのことを指すのだと現段階では考えている。

言論統制が利いていて、特に日本に対しては厳しい批判が蔓延る中国の環境では、しばしば人々が「加藤さん、客観的な分析、公正な判断を心がけてください」という具合に訴えてくる。客観性も公正性も物事を語る上ではとても大切だと思う。真の意味で客観性や公正性を伴った議論とは何なのか、常日頃考えさせられる。

そこで、考えてみたいことがある。

領土や歴史といった外交問題化したケースを扱う場合、外交問題化しているというからには、問題の所存は双方にあり、問題が外交化する構造は極めて複雑なはずだ。にもかかわらず、「日本が悪い」、「中国は間違っている」といった頭ごなしに相手国を叱責するだけの言論に生産性が伴うだろうか？　言い換えれば、問題解決に資するだろうか？


なぜ日本政府は「領土問題はない」と主張するのか？

中国人民は考えたことがあるだろうか。

なぜ中国人民は日本人の歴史認識を問題化し、憤怒するのだろうか？

日本国民は考えたことがあるだろうか。

なぜ日本国民は中国政府や人民から「歴史を反省しろ」と言われるたびに、なんとも言えない違和感と反発を覚えるのだろうか？

中国人民は考えたことがあっただろうか。

なぜ中国政府は反日デモを黙認するかのような態度を取るのだろうか？

日本国民は考えたことがあっただろうか。


「そんなこと知るか」では済まされない。

だったら外交の舞台から降りればいい。

身分が日本人であろうと中国人であろうと、自国の国情や国民性の分析だけでなく、相手国の国情や国民性まで観察し、双方向性を伴った形で発信や議論をしなければ、少なくとも〝問題解決〟という文脈から生産性は伴わないと僕は考える。相手のことを知らないのに、相手の懐に潜り込めないのに、相手国と健全な対話をして、持続可能な関係を築けるだろうか。

足腰の強い知的土壌を構築できるか

以前、日中安全保障問題を議論する日本人同士の勉強会で、中国問題を扱ったことがある。僕はプレゼンテーターとして、「中国政府は尖閣問題をどう見て、どう対処しようとしているか?」を紹介した。

プレゼンを終えると、ある参加者が僕に対して、

「あの、加藤さんはどっちの側にいる人なのですか? 中国政府の代弁者のように見えるんですけど」

と言ってきた。正直言って、僕は呆れるしかなかった。

勉強会の目的は日本の安全保障という観点から、中国と揉めている尖閣問題に対するアプローチを考えるというものだった。このテーマを議論するためには、「中国政府がいま何を考

え、中国人がこの問題をどう見ているのか」という現状整理は最低限しなければならない。外交には相手がいる。相手のことを知らずして実のある議論などできるわけがないし、実際の外交の場でもまともな勝負ができるわけない。当時、勉強会に参加していた人員の構成からして、中国語を学んだことがあり、中国で生活したことがあり、中国の言論市場で仕事をしてきた僕が中国政府の戦略と国内外で置かれた状況を紹介することが適当だ、という判断を勉強会自身が下し、僕も任務を全うすべく、それなりに事前準備をして挑んだ。

その結果が〝これ〟である。高等教育を受けた、外国語も話せる国際的知識人ですらこのような姿勢で「日本と外国」というテーマを視ているのである。

その時僕は思った。

「日本が弱肉強食の国際関係を闘っていくのは難しいな」

と同時に、知識人が社会に充満する世論や周りの空気を気にしすぎたり、それに流されたりしているようでは、政府外交を民間社会レベルで支える足腰の強い知的土壌は構築できないと考えるようにもなった。

以前、ある中国の社会科学を専攻する大学教授に「先生はなぜ釣魚島は中国固有の領土だと主張されるのですか?」と質問をしたことがある。

先方の答えは「なぜって、私は中国人だからだよ」、であった。

極めて非論理的な回答だとは思わないか。彼は政府の報道官でもアイスを売っているおばちゃんでもない。民間出身の知識人だ。

「いや、主権や領土の問題に論理を求めるのはおかしい。身分や立場に左右されたり、感情が入ることはやむを得ない。そういうテーマなのだから」

というツッコミが入るかもしれないが、僕は違うと思う。

〝国益〟を守ることが仕事である政府の役人にこれを求めるのは筋が違うし、（言い方は大変失礼だが）日頃から時事問題や外交問題に関心を持って議論する立場にない一般市民に「感情ではなく論理に従って主張してください」と求めるのも酷だと思う。

しかし、民間知識人（ここで言う「民間知識人」とは、学者、作家、ジャーナリスト、文化人、アーティスト、実業家など〝知の創造〟に関わる全ての民間人を指す）が「私は日本人である。ゆえに、尖閣諸島は日本固有の領土だ」という類の主張に固執するようであれば、知識人が知識人たる所以は消え失せてしまう。議論は前に進まないし、問題はいつまでたっても解決しないと僕は考える。

決して「尖閣諸島は日本固有の領土だ」と主張するなと言っているのではない。知識人は〝論拠〟と〝論理〟をもって、主張の内容を立証する習慣を日中双方で養っていかなければならない、ということを言いたいだけである。

「お前は売国奴だ！」

とお叱りを受けるかもしれない。

しかし考えてみて欲しい。

「俺は日本人だ。だから尖閣諸島は日本固有の領土としか言えないんだ」と結論ありきで入り、そこで思考を止めてしまえば、なぜ領土の問題をめぐって日中が揉めているのか、解決するためには何が必要なのか、といった未来に関わる問題を考えられなくなってしまうにちがいない。

仮に一人の中国人学者が自らの研究を通じて、「釣魚島は日本固有の領土だ」という結論を導いたのであれば、それを堂々と主張すればいい。仮にその後の研究や他の研究者との議論を通じて、自らの実証に欠陥が見つかったり、修正を加える必要性を感じたのであれば、その時はその時で胸を張って堂々と修正すればいい。

立場や身分を後ろ盾に、結論ありきの主張しか繰り返さない人と、絶えず証拠と論理を集約させ、身分や立場にかかわらず自らの言論を主張する人。民間知識人として果たしてどちらが愛国者と言えるだろうか。

公権力や大衆ナショナリズムに迎合する主張しかしない知識人が蔓延る国民国家に、開かれた未来が待っているだろうか。

領土問題、歴史問題、憲法問題、軍事問題、経済問題などを問わず、仮に、日本に政府の立場や社会の空気から生み出された結論を入り口に、その枠組の中だけで議論を進める知識人しかいなくなってしまえば、〝言論の自由〟という憲法で保障された権利が侵蝕されるばかりか、日本という国家が持続可能な平和と繁栄を追求していく上で、極めて深刻な状況が生まれるものと僕は懸念する。

知らぬ間に国を売っていく人たち

２０１１年、僕は台湾で『愛国奴』（大塊出版社）という本を出版した。中国のナショナリズムを核心的テーマに据えた作品だが、僕は拙書にあえて日本語で副題を付けた。「知らぬ間にお国を売っていく人たち」

「国を売ろうと思って売っている人」のことを〝売国奴〟という。歴史上このカテゴリーに入る人は少数だ。一方で、目に見えないところで蔓延するのが「国を愛していると思っていて実は国を売っている人たち」、即ち〝愛国奴〟である。後者は自覚症状がないだけに厄介だ。だからこそ蔓延するし、歯止めが効かない。

日中両国が持続可能な形で、真の意味で分かり合うためには、共同でアジア太平洋という地域の平和と繁栄を盛り上げていくためには、民間知識人が国家やイデオロギーのバイアスを受けて、結論ありきに陥ってしまってはならない。言い換えれば、〝愛国奴〟になってしまってはいけない。自戒の念を込めて、僕はそう言いたい。

僕はまだまだ中国の政治環境にビビって遠慮してしまったり、日本の大衆世論が怖くて萎縮してしまったりする。違うと思っても違うと言わないことがある。自分なりの論拠と論理を組み立てて、そこから導いた結論に自信を持っていたとしても、自分が日本人であることを配慮して、何も主張しないことがある。

僕は愛国奴だ。

短期的で閉ざされた面子ではなく、長期的で開かれた国益を増進することに能動的にコミットする姿勢と勇気。

民間知識人に求められる資質とは、そういうものだと思う。

そう考えると、民間知識人にとって最も大切なことはやはり「独立していること」であると僕は思う。特定の集団の利益や面子を代弁しなければならない立場にいる限り、インディペンデントな存在ではありえない。

よく中国の人たちから「客観的に……公正に……」という言葉で「中国の言い分にも耳を傾けてください」と言われる。外交問題を議論するからには相手の言い分を知ることは当たり前だ。ただ、知識人としては〝客観性〟、〝公正さ〟よりも、〝独立していること〟のほうが100倍重要だと僕は思う。独立した知識人が互いの全人格をかけて、論拠と論理をぶつけあえば、客観性や公正性は必然的に生まれるものと僕は信じている（この観点から、「中国」という場所をどう認識するか、日本人は「中国」とどう付き合っていくべきか、という問題は次章で扱う）。

歴史認識の問題をめぐって、日本人が日本人の欠点を述べたり、中国人が中国人の反省すべきところを述べる。相手国家・社会・国民性から学べる所があれば進んで指摘し、「我々は先方からこれこれを学ぶべきだ」という主張をし合えてこそ真の意味で成熟した、〝大人の関係〟になれるのではなかろうか。日中両国が国交正常化40周年を迎え、これから新しい40年を歩んでいく上で、両国民が肝に銘じるに値するテーマだと僕は思う。

歴史問題にどう対応するか

「中国の学生と交流する際、必ず歴史問題でぶつかります。加藤さんは日頃どのように対応されていますか？」

このような質問をしばしば日本の大学生から受ける。昨今では日中大学生間交流も多角的に進化しており、短期留学、長期留学、交換プログラム、共同フォーラム、ホームステイ、ラングリッチパートナーなど、あらゆるチャネルを通じての日中青年交流が深まっている。中国留学経験者としては嬉しい限りである。

「立場や意見がぶつかり合う歴史問題にどう対応するか？」

学生たちが広範にぶつかっているこの問題に対する唯一の解を僕が持ち合わせているはずがない。解があれば日中関係はとっくに上手く処理されているだろうし、歴史問題が現実の日中交流に及ぼす悪影響はもっと限定的であるはずだ。

解がないからこそ、問題の構造が複雑だからこそ、政府や民間をはじめ、各業界の人たちが苦労しているのだ。

ただ日中の国境で活動してきた一人の言論人として、「歴史問題でぶつかったとき、あるいは歴史問題を語るときに心がけていること」という尺度は僕なりに持っている。

中国メディアの取材を受ける際に、記者さんから「なぜ日本人は歴史を反省しないのですか？」という質問を受けたとしよう。

ここで感情的になってはいけない。

「なぜ日本人は歴史を反省していないと決め付けるのですか？　あなたがおっしゃる日本人とはどこにいるどの日本人ですか？　中国人は歴史を反省しているといえるのですか？　〝歴史を反省する〟という定義を示してください」

そう反論したいキモチをぐっと抑えて、以下のように回答するようにしている。

「まず、日本政府の立場はXXです」

「次に、日本社会にはYYやZZといった異なった見解が存在します。世論は決して一枚岩ではなく、官と民、民と民の間でも常に論争が続いています」

「最後に、私自身はKKのように考えます」

という具合に3段階で答えるように心がけている。タイムリミットは1分だと心得ている。

ダラダラと説明するようでは相手の堪忍袋が切れてしまうし、説得力に欠ける印象を与えてしまう。そして、仮に対話の相手が自らのプレゼンテーションに興味津々だったり、共感していると感じられるようであれば、プラスアルファとして、「問題解決という観点からすれば、私はBBすべきだと考えます」とソリューションを提示することもアリだと思う。

僕の経験則から、こういう3段階アプローチを採用すれば、議論の対象が歴史や領土といったセンシティブな問題でも、比較的コンフリクトを起こさない形で議論を展開することができる。もちろん、失敗に終わることもある。ただ、いまを生きる中国人、特に高等教育を受けたようなシティズンであれば、少なくとも自国政府のプロパガンダを漠然と信じこんだり、相手の言い分に全く耳をかさなかったり、という状況ではない。中国人の歴史認識を自省的に語る人もいれば、日本の良さを能動的に語ってくれる人もいる。それも一人や二人ではない。大勢いる。

将来的に試してみたいディスカッションがある。

日本人と中国人を集め、領土、歴史、経済、体制、メディア、世論、市場、政治、軍事、外交、教育などの問題をめぐって、日本人が中国人として、中国人が日本人として、しかし〝立場〟や〝身分〟に囚われることなく、〝論拠〟と〝論理〟だけを武器に徹底討論するのである。相手を知る、相手の立場に立って考えてみる、という意味では良い訓練になるし、日中問題を解決していくためのヒントが見つかるものと確信している。特に若い世代、中高生や大学生はこういう訓練をしないといけない。大人はそういう場を提供しないといけない（少なくとも邪魔をしてはいけない）。その過程で、真の愛国心が生まれるはずだ。愛国奴ではなく、愛国者になるための踏み台を見いだせるはずだ。

仮にこのディスカッションが実現した暁には、ぜひ自らモデレーターに立候補したいと思っている。僕自身が、〝愛国奴からの脱却〟という課題を克服しなければならないから。

第７章

〝ここ〟は中国であるということ

「中国が民主化すれば日中関係は改善する」

読者の皆さんはこの命題をどう解読するだろうか。

中国は１９４９年の建国以降、政治体制的には社会主義、イデオロギーとしてはマルクス＝レーニン主義や毛沢東思想を堅持している。それでも１９８０年代から改革開放と市場経済を推し進め、グローバル経済の一員として、国際化の波にキャッチアップしようとしている。それどころか、中国はグローバリゼーションの最大の受益者ではないのか、とも囁かれる。

〝中国崩壊〟を安易にエクスペクトできない理由《わけ》はここにある。

政治はあくまでも独裁的だ。中国共産党以外の政党が政治の主導権を握ることは認めない。政党間の競争もない。政党政治は機能していない。あるのは共産党内の権力闘争だけだ。法治主義は採用されておらず、報道や言論の自由も著しく欠けている。三権分立を唱えようと知識人が共産党体制に挑戦すれば、牢屋にぶち込まれて人生を棒に振ってしまうことにすらなる。

僕の理解では、民主化には、①選挙の導入、②司法の独立、③報道・言論の自由の3点が伴わなければならない。民主主義にもいろんな形態がある。アメリカと日本の民主主義は異なる。南欧と北欧の民主主義も異なる。しかし、いかなる民主主義においても、この三つはいわゆるボトムライン（中国語で「底線」）。仮にこの三つが現実の政治に〝制度的に〟体現されていなければ、その国家の政治体制はどこからどう見ても非民主的と断定せざるを得ない。

その意味で、中国は疑いなく非民主主義国家に区分される。

僕は近年中国民主化研究というプロジェクトを進めているが、21世紀上半期という時代に中国が民主化されるのかされないのか、そのプロセスはどうなっていくのか、継続的に追っていきたいと考えている。人類社会の未来すら左右しうるビッグテーマだから。21世紀最大の謎とも言えるテーマに挑戦できることに、僕は心から幸福、そして誇りを感じている。

中国の民主化は何をもたらすか

「中国が民主化すれば、日中関係は改善するだろうか？」

これまで多くの中国問題や日中関係の専門家、そして中国で仕事をされている実業家・企業家の方々とこの問題を議論してきた。

意見は大きく分かれる。いまだにひとつの解答には辿りつけていない。

中国の現場でビジネスをされている方々の間では、「中国は民主化しないほうがいい。民主化すれば、社会は混乱し、ビジネスがやりにくくなってしまうから」と主張する人が少なくない。中国が民主化すれば、これまで統制されていた言論や報道が一挙に吹き出して混乱したり、選挙を導入してもいまよりも〝良いリーダー〟が選出されるとは限らず（逆に〝悪いリーダー〟が出てきたりして）、政府のガバナンス力は逆に落ちてしまうのではないか、という懸念がそこにはある。

日中関係という観点からも、「中国共産党がトップダウン型の統率過程でメディアの反日報道や民衆の反日感情をある程度抑えている。仮に中国が民主化すれば、中国社会に蓄積する反日感情がかえって噴出することになる。そうなれば、対中ビジネスはいまよりも厳しい状況に追い込まれる」という見方をしている方が少なくない。

裏を返せば、ビジネス関係者は「国際社会や国内世論はいろいろ批判しているけれど、中国共産党はなんだかんだいって、ある程度しっかりしたガバナンスをしている。我々が中国でまともなビジネスをするためには、共産党のような強い政府が必要だ」という皮膚感覚があるのだろう。

もちろん、「とはいうものの、経済レベルにおける市場化、自由化、開放化政策は徐々にでも着実に推進してほしい。高度経済成長期の日本がそうしたように」という論点はほとんどの実業家が持っており、関係者は現状に対し一概に楽観視はしていない。１９８０年代以降、改革開放政策を実行しているとはいえ、社会主義体制下における市場経済には限界があると考えるからだ。「政治がこのままでは、経済だって先行きは危うい」という見方が背後には横たわっている。このようにレビューしてみると、多くのビジネスマンたちの対中観は矛盾していることが分かる。

「政治的には〝混乱を避ける〟という意味でいまのままのほうがいい（かもしれない）けれども、〝経済的に改革を進める〟という意味では、〝政治の改革は不可欠〟（かもしれない）」。

究極的には、「それでは一体どのような民主化プロセスが中国経済の市場化や自由化、国際性や開放性を促し、法治主義を社会の隅々にまで行き渡らせ、且つ政治的混乱も回避できるものなのだろうか？」という問題に行き着く。〝方向性〟はかなりの程度で明確であるが、〝方法論〟を巡っては様々な意見があり、中国の専門家や政策関係者、ビジネスマンの間でもいまだに定説はない。

〝方向性〟と〝方法論〟の関係性という問題をどう解決するかは日中関係にとっての試練である。

対日批判は〝政治的に正しい〟

次に、政治家や官僚といった政策関係者、及び中国問題や日中関係を研究する学者たちの間では、「日中関係が根本的に改善しない原因は民主的ではない中国の政治体制にある」、「中国が民主化すれば、日中関係は改善されるだろう」という見方が支配的、というのが僕の現状認識だ。

古典的な意味において外交のアクターは政府であるが、独立した司法体系の下では政府の在り方や行動は、本来憲法からの監視監督を制度的に受けることになっている。また、言論・報道の自由の下では、政府の行動はメディアや民間世論からのチェックアンドバランスを制度的に受けることになる。

よって、法治主義や言論・報道の自由が制度的に保障されている国家において、外交のアクターである政府は好き勝手出来ない。日本の外務省やアメリカの国務省の関係者は、日々このような環境の中で仕事をしている。皆、政策と法律との整合性に注意し、常に世論からの批判に耐えながら、と同時に民間からの意見を取り入れながら、政策を堅持したり、軌道修正を計ったりする。紆余曲折を経るのは必至であろうが、政策環境を開放し、透明性を確保し、民間からの批判や意見を取り入れ、他者の監視監督の下、絶えず自己改革していくことで、政策は結果的により適切な方向に導かれる。

民主主義におけるひとつの重要な考え方は〝持続可能性〟であるが、この論理は内政だけでなく、外交政策にも適用される。

一方の中国は〝そういう状況〟にない。党中央による〝政治の論理〟がすべてに優先される中国においては、〝国益〟が〝憲法〟を凌駕し、〝権力〟が〝法律〟を凌駕する。法治主義下における政策環境とは言えない。

世論の政策への影響に関しては、僕自身も北京大学大学院の修士論文《ネットナショナリズムが中国対日外交に及ぼす影響》で書いたが、世論が政策に与える影響はインターネットの台頭（中国のネット人口は6億以上）によって大幅に高まっている。多くの政策関係者が政策を実行していく過程における世論の影響を〝脅威〟とみなしているし、外交、経済、公安、鉄道、通信、金融、農業、教育、国防などを含め、現在の中国において世論を全く無視できる政策分野というのは限りなくゼロに近いと僕は見ている。

中国も日々変化している。

特に、対日外交における世論の影響は絶大だ。共産党の〝愛国教育〟によって日本のイメージは〝悪者化〟してきた。中国共産党の正当性は「我々は抗日戦争で日本に勝利し、その後の内戦で国民党を打倒し、中華人民共和国を建国した」というロジックに立脚しているから、〝対日批判〟は中国人の間では〝政治的に正しい〟のであり（反日デモの現場などでしばしば散見される〝愛国無罪〟はその典型）、逆に〝日本擁護〟は〝政治的に正しくない〟。建国のロジック、及び〝愛国教育〟の歴史との整合性がとれなくなってしまうからである。

このような状況下において、外交のアクターである政府は日本に対して安易な妥協ができないばかりか、原則〝強硬策〟を講じなければならなくなる。「日本に対して軟弱だ」と世論に判断されれば、民衆はそんな政府を批判する暴力デモを起こすかもしれない。〝反日〟は〝反政府〟に繋がる。だからこそ、中国共産党にとって対日外交はリスキーであり、それだけに慎重にならざるを得ない。

問題は、この状況が報道・言論の自由が制度的に保障された政策環境における世論の、政府に対するチェックアンドバランス機能からきているものではなく、中国共産党自らが自らに課した〝政治の論理〟（愛国教育や反日ドラマなどもここに含まれる）によって束縛された産物に他ならないという点にある。

大衆は日本を批判しているかぎり〝安全〟なのだ。政治的に正しいのだから。逆に、日本を擁護したり、強硬的な政策を批判したりする論調を世に出したりすれば、その人間は吊るしあげられる。政治の論理で束縛された大衆世論によって。

理性と健全性に立脚したチェックアンドバランス機能の欠如。

これこそが、日中関係をマネージメントしていく上で中国側に存在する最大の問題点だと僕は考えている。中国の政策関係者や学者たちは、基本的に〝政治の論理〟に寄り添った議論しか展開しない。

日中関係が悪化すれば、

「日本の政治が右傾化しているから」
「日本の総理による靖国神社参拝が原因」
「日本人は歴史を反省していないから」

といった言論がバンバン飛び出してくる。

「中国人の歴史認識に問題はないのか?」
「中国共産党の歴史解釈は正しいのか?」
「中国の拡張政策が原因ではないのか?」

といった言論は、少なくとも公の場においては原則出てこない(プライベートな空間では、特にリベラル派知識人たちの対共産党批判はガンガン出てくる。彼ら・彼女らの多くが、日中関係悪化の根本的原因を共産党体制そのものに見出している)。多くの知識人や大学生、ビジネスマンたちは中国共産党の外交政策や歴史認識を問題視しているが、それを公の場で語った

晶文社　愛読者カード

お名前《ふりがな》　　　　　　　　　　　　　（　　歳）　ご職業

ご住所　　　　　　　　　　　　　〒

Eメールアドレス

お買上げの本の
書　　名

本書に関するご感想、今後の小社出版物についてのご希望など
お聞かせください。

ホームページなどでご紹介させていただく場合があります。（諾・否）

お求めの書店名		ご購読新聞名		
お求めの動機	広告を見て（新聞・雑誌名）	書評を見て（新聞・雑誌名）	書店で実物を見て／晶文社ホームページ〃	その他

ご購読、およびアンケートのご協力ありがとうございます。今後の参考にさせていただきます。

郵 便 は が き

恐れ入りますが、52円切手をお貼りください

101-0051

東京都千代田区
神田神保町 1-11

晶 文 社 行

◇購入申込書◇

ご注文がある場合にのみご記入下さい。

■お近くの書店にご注文下さい。
■お近くに書店がない場合は、この申込書にて直接小社へお申込み下さい。
送料は代金引き換えで、1500円(税込)以上のお買い上げで一回210円になります。

宅配ですので、電話番号は必ずご記入下さい。
※1500円(税込)以下の場合は、送料300円(税込)がかかります。

(書名) ¥ ( )部

(書名) ¥ ( )部

(書名) ¥ ( )部

ご氏名 ㊞ TEL.

ご住所 〒

り、行動に移すことはタブーである。繰り返し述べてきたように、〝政治的に正しくない〟からである。政治の論理に束縛された大衆世論に吊るしあげられることを恐れているからである。

政府間外交だけでは日中関係は打開できない

外交には相手がいる。外交とは双方向的な仕事である。

そして、外交は内政の延長線上にある。だからこそ、日中間で内政における政治体制が異なる、即ち政策と世論の関係性そのものが双方で異なれば、当然外交はやりにくくなる。日本政府は対中外交を実施する過程で憲法や世論からの制約を受けるのに、中国政府は〝政治の論理〟で対日外交を展開する。中国の知識人からは、理性と健全性に立脚した自国政府批判は〝原則〟生まれない（ここで原則としたのは、2000年代には「歴史問題を対日外交の入り口にすべきではない」という〝対日新思考〟が政治評論家の馬立誠《マーリーチェン》氏（党機関紙「人民日報」元評論員）から発信されたような歴史もあるからだ。中国の知識人の間にも、すべてが〝政治の論理〟に従属する対日政策環境に不満を持ち、且つ発信、行動しようとする気運は存在するというファクトを日本人は忘れるべきではない）。日中関係を研究する学者たちは、普段は政治的に正しい範囲内で抗議をしたり執筆をしたりして、日中間で何か問題が起きれば、政府に代わって大衆向けに日本政府を批判する御用学者へと変身する。

それが政治的に正しいからである。

仮に外交政策環境の主要プレイヤーを政府・知識人・世論と定義した場合、中国の対日政策環境では、実質的に知識人というプレイヤーが存在しないという意味である。少なくとも圧倒的に制限される。知識人は政府と世論の方だけをみて、政治的に正しいことしか言わない（言えない）のだから。

言い換えれば、中国の対日外交政策環境では、理性と健全性に立脚したチェックアンドバランスが根本的に欠落している。このような状況下で、日本はどのように対中外交を展開していけばいいのだろうか。

政府間の交渉に賭けるのか。

日本の政府や知識人が直接中国の大衆に向けて言論発信するのか。

政治はあきらめて、経済外交や文化外交にエネルギーを集中させるのか。

僕は個人という立場で中国の知識人たちと付き合いながら、中国世論に罵倒されながら、中国共産党と向き合いながら、ずっとこの問題を考えてきた。国家という魔物のまえでは個人である僕のポテンシャルなどたかが知れているが、北京の現場で日中関係の荒波に晒されながら感じていたことは、政府間外交だけに依存していては、日中関係は打開できないし、持続可能ではないということだ。

なぜなら、中国国内には共産党の政治力をも呑み込んでしまうような〝世論力〟が急速に台頭しているからだ。〝政治の論理〟に従えば、政府は〝愛国無罪〟・〝反日万歳〟を掲げる大衆世論に〝ノー〟とは言えない。建国のロジックが崩れてしまうからだ。そして、知識人もとりわけ対日問題に関しては〝政治の論理〟を切り崩すような言論を発することは〝原則〟ないと言っていい。

このように見てくると、政治体制が根本的に異なる中国との外交は、本当に骨が折れることがリアルに想像できるだろう。だからこそ、日本の政策関係者や知識人は、「（長期的視点に立った場合）中国が民主化すれば日中関係は改善される」という論理を展開する。中国国内に〝理性〟と〝健全性〟に立脚したチェックアンドバランス機能が生まれれば、それが政府に対する抑止力になるだけでなく、大衆に対する啓蒙運動にもつながると考えるからだ。

〝政治の論理〟という呪縛から解放され、自由に言論が発信できるようになれば、中国国内では共産党の対日歴史認識、外交政策、領土政策などあらゆる問題でこれまでとは180度異なった言論環境が生まれるだろう。少なくとも、対日政策環境に多様性が生まれるだろう。当然、対政府批判も含まれる。中国政府の領土政策や歴史認識に異を唱える知識人や若者は噴出するように出てくるだろう。

ただ僕は中国社会に言論・報道の自由が生まれることによって、無政府秩序に陥るとは考えない。現段階においても、中国の世論は保守派やリベラル派に割れているし、中国の発展方向性を巡っても、国家資本主義に代表される〝チャイナモデル〟を唱える知識人もいれば、西側的な三権分立を唱える知識人もいる。自由化することで、後者が勢いを増すのは必至であり、対政府批判も増えるだろう。天安門事件や対日関係といった〝政治の論理〟が最優先してきた分野は揺れるだろうし、一時的に混乱を招くかもしれない。ただ長期的に見れば、言論統制・封殺が利いていた時代よりもバランスの取れた、公正な言論環境を担保することにつながり、国民はより多様な価値観や言論に触れることが可能になるだろう。それは即ち、中国政策環境が理性と健全性を伴った形で改善していくプロセスになると僕は考える。

仮にそうなれば、日本政府としても政策に幅が生まれるし、知識人間の対話はより自由で、開放的で、公正で、故に生産性に富んだプロセスになるだろう。このような状況下において、日中関係ははじめて理性と健全性に立脚したマネージメントが可能になる。安定性と発展性が制度的に保障されていくことになる。従って、中国が民主化することは日中関係を改善させる重要な原動力である。

中国における日々の言論活動の中で、「中国の知識人から少しでも政治の論理に束縛されない、多様性を伴った言論が出てくれれば、どれだけ楽になるかわからない」と痛感してきた僕は、このような見方をしている。

個人という第四のプレイヤー

デッドロックに乗り上げる中国対日政策環境。

過去の10年間において、僕は中国共産党や中国知識人たちと交流をしながら、政治の空気や体制の内情を見極めながら、中国問題や日中関係にまつわる問題を、中国語で、中国の大衆世論に直接発信しようと試みてきた。

世論との直接対話。

これこそが日本の対中外交を盛り上げるために、安定性と発展性を長期的に担保するために不可欠な、新しいファクターではないかと考えたからだ。実際に、僕のような〝個人〟にできることはその程度である。と同時に、〝個人〟だからこそ大衆世論との直接対話にコミットしやすいとも感じていた。

①新聞、雑誌、ウェブ、テレビ、ラジオなどのメディアを通じた発信、②中国知識人との公開対談、③中国大学生への講演会、この三つのチャネルを通じての発信を心がけた。その過程で日中双方の政府・民間レベルの関係者から多大なるサポートをいただいた。多くの方々が、日中関係が新たな打開策を図っていくなかで、僕のような〝個人〟が果たす役割を理解し、重

視し、手を差し伸べてくれた。失敗はたくさんしたし、〝1リットルの涙〟とまではいかなくても、一人でたくさん泣いた。何度も心が折れそうになったが、①多くの方々がサポートしてくれ、期待を寄せてくれていたこと、②日中関係という本来的に国家間のマターに個人としてコミットできているという充実感、③自分が諦めたら日中関係の将来は終わってしまうという、過剰で、無謀で、ひとりよがりの使命感、の三つが僕を支えていた。今振り返ってみれば、僕は自分にできることをしようとしたに過ぎない。特別なことは何もしていない。日中間、特に民間レベルでは多くのビジネスマンたちが経済関係を盛り上げてきた。僕が生まれる前から日中関係の土台を作るべく汗を流されてきた。そうした先輩方のご尽力がなければ、僕のような若造が動けるはずもない。

感謝は言葉ではなく、行動で表せ。

僕はそう思ってきたし、いまもそう考えている。人生の先輩方への感謝の気持ちは、〝日中関係に個人外交という新たなチャネルを創ること〟をもって表現しようと思っていた。これからもそうしていこうと覚悟を決めている。

政府、企業、組織に所属する知識人・文化人。言うまでもなく、これらのアクターはこれまでどおり、これまで以上に日中関係を支えていく基本的存在であろう。外交の基本的プレイヤーが政府であることに変わりはない。と同時に、社会主義市場経済、改革開放を掲げる中国において、政策に世論が挑戦しようとしている中国において、そして、少なくとも現段階では知識人が〝政治の論理〟に従わざるを得ない中国において、〝個人〟という第四のプレイヤーがフットワークを利かせて暴れ馬のごとく動きまわり、ポジティブな意味で日中関係をかき回していくことが求められている。

〝個人〟の役割は大きく分けて三つあるように思う。①中国の大衆世論（特に若い世代）に直接発信をすること、②中国知識人との直接対話を通じて、彼ら・彼女たちに〝政治の論理〟と新しい距離感を打ち立てるべく働きかけること、③中国共産党の直接触媒になり、日中関係を支えるひとつのチャネルになること。

キーワードは〝直接性〟だ。

僕の限られた知識と経験からすれば、中国とは、中国人とは〝直接性〟をもって付き合ってこそ局面打開につながる。〝政治の論理〟を超越した相互理解と信頼関係を築くことができる。

組織に所属しているかいないかは関係ないし、問題でもない。

組織に所属していても〝個の味〟は出していける。あらゆる組織はあらゆる個人から成り立っているのだから。

個がなくなれば、組織は死ぬ。

僕は、組織に所属しながら、右に述べたような〝直接性〟をもって中国の大衆世論と直接対話を展開しようとしてきたジャーナリストや学者、文化人やスポーツ選手、アーティストたちを知っている。そしてこれからは、直接性をもって中国共産党、中国知識人、中国世論と付き合っていける若い世代を育てるべきだと考える。〝個人外交〟を展開するプレイヤーを育て、〝個〟と〝個〟のつながりを太くしていかなければならない。中国と個人外交を展開できるプレイヤーが増えれば増えるほど、〝個〟と〝個〟のつながりが太くなればなるほど、日本の対中外交は長期的に見て安定し、発展すると僕は確信している。僕自身、その一翼を担えるように努力を続けていかなければならないし、若い人材を育てていくことに献身しなければならない。

30歳になったいま、僕はそう思っている。

◉上海　2012

第8章

いまが〝グローバリゼーション〟の時代であるということ

日本を飛び出して10年以上の月日が経った。この間、中国9年、米国2年と漂流してきたが、僕の中で紆余曲折を経ながら辿り着いたひとつの考え方がある。日本が、日本人がこれから国際社会というアナーキーな空間でサバイバルしていく上で重要なテーマだ。

グローバリゼーションとは、国家の役割、国境の存在、国籍の差異を浮き彫りにさせる現象の連続。

「えっ、それって逆じゃないの?!」

多くの人たちはそう反応するかもしれない。

国境の壁が低くなり、国籍がどこであるかはあまり関係なくなって、国家の役割が限定されていくプロセス。それこそがグローバリゼーションの賜物だと。すべてが一体化し、米ニューヨーク・タイムズ紙コラムニストのトーマス・フリードマン氏の言葉を借りれば、「世界がフラット化していく」こと、それがグローバリゼーションなのだと。

僕も19歳になる直前に日本を離れるまでは、グローバリゼーションというものをそう想像していた。

第6章、第7章で書いてきたように、僕は日本を出て初めて自分が日本人であることを意識した。祖国を飛び出して初めて自分が日本を愛していること、日本のために何かがしたいという気持ちを持っていることに気づいた。そして、自分が目指した目的地が中国であったという事実は、そのプロセスを濃厚にすることはあっても、希薄化させることはなかった。

中国という日本と歴史的にも、国情的にも、政治的にも、民族的にも、地理的にも、文化的にも、外交的にも特殊な関係にある〝紅の地〟で学び、生活し、統制が利いているが日々多角化しつつある言論市場で発信する過程において、〝わたし〟、〝ここ〟という感覚は日々己の中で顕著になっていった。

戦闘の舞台が欧米や他のアジア諸国であれば芽生えなかった感覚だったと思っている。日本にとって中国が近いようで遠く、体制や価値観が異なり、国力は歴史上かつて無いほど接近し、経済や文化を中心とした民間交流が前代未聞なほどに頻繁に行われ、活況が水平線のごとく広がっていたからこそ、僕は〝日常的に〟自らを相対化し、客観視する機会を得ることが出来た。

人と人のコミュニケーションは、交流すればするほど互いの違いや問題点が浮き彫りになるものかもしれない。だからこそ誤解や摩擦も生まれる。

僕は昨今の日中関係において摩擦が表面化している根本的な理由を〝交流の多角的増加〟に見出している。

ただ、僕自身に関して言えば、他者との交流を通じて〝違い〟が身体的に理解できれば、Who Am I?というアイデンティティに関わる根本的な問題をより自然体で考えられるようになる。その意味で言えば、加藤嘉一という人間は、19歳の誕生日を迎える直前（誕生日は4月28日。誰がなんと言おうと、どれだけ独りよがりだと揶揄されても、戦後日本が主権を回復したこの日に生まれた僕には、日本が過去から未来へと歩んでいく中で、死に物狂いで現在を生きる使命があると考えている）に、初めて「日本人としての人生」を歩むようになったといえるのかもしれない。仮にそれが〝真実〟だとしたら、僕はそんな真実を受け入れたいと思っている。

僕にとっての国際連合

聞いたことはあったけれど実感したことはなかった〝グローバリゼーション〟という産物に、僕が初めて出会ったのは北京大学の留学生宿舎〝勺園〟だった。

「中国なんていう共産党一党独裁下における社会主義社会に、グローバリゼーションなんていうものがあるのか?」

そんな風に疑問に思う人もいるかもしれない。僕も最初は疑問だった。高校生時代、国際連合で働くことが将来の目標だった僕は、英語プラスワンという観点から中国語を選んだ。実際に中国で生活をし、中国語で授業を受けたり試験を受けたりするようになれば、中国語の習得は問題ないだろうと踏んでいた。

心配だったのは英語だった。

いくら中高時代好きで、且つ〝出国のためのパスポート〟だと認識してそれなりに頑張って取り組んでいたとはいえ、所詮は受験英語の延長でしかない、中途半端極まりないレベルの英語力だ。しかも共産党政権による社会主義下の環境では、まともに英語圏やアングロ・サクソン系の文化や空気、言語に触れることが可能なのかという疑問を抱いていた。もしかしたら国民は英語を学ぶことや話すこと、西側の価値観や文化に触れることすらも許されていない状況なのかもしれない。仮にそんな状況で生活することになったとして、どのように英語力を高めていくか(しかも中国語を学びつつ)。成田から北京への機内の中、僕は頭のなかで妄想を繰り返していた。

北京大学に到着し、〝勺園〟で1週間生活してみると、妄想に基づいたあらゆる予想は覆される結果となった。第1章でも書いたように、最初のルームメートのワリードはパレスチナ人。二人目のルームメートはモンゴル人。あとは韓国人、マレーシア人とも部屋をシェアした。ご近所さんにはラオス人、北朝鮮人、カメルーン人、ドイツ人、ロシア人などがいた。僕が最もお世話になった兄貴分は西アフリカに位置するベナン共和国からの学生だった。勺園のなかでも一番ボロかった1号楼から4号楼には、東から西、先進国から途上国、北半球から南半球、資本主義国から社会主義国と、ありとあらゆる地域・国家からの学生が共同で暮らしていた。トイレやシャワーも共同だったから、朝晩に遭遇することも日常茶飯事で、その度に女の子の話から（男性は2階と3階、女性は4階と5階だったが階段で原則自由に行き来ができた）国際問題まで、よく語り合ったものだ。心地よいカオス、という雰囲気を醸し出していた。

勺園こそが、僕にとっての国際連合であり、僕が生まれて初めて出逢ったグローバリゼーションの世界だった。そこには共産党も社会主義も関係ない、世界各国から集まった若者たちが共同生活をしながら、語りたい問題をただひたすら語り合う、という文化が横たわっていた。僕はそんな環境で生活していくうちに、北京への機内で頭を悩ましていた案件が杞憂だったことに気付かされるようになる。

「日本よりも全然グローバルじゃん！　ここで国際感覚を身につけて、英語もたくさん話そう」

心は晴れていった。あとは住人たちとひたすらつるんで、貧困問題や南北問題、人権問題や地球温暖化問題、そして中国問題をひたすら語り合った。言語は人によって英語か中国語かで使い分けていた。英語のほうがカンフォタブルな人もいれば、中国語のほうが得意な人もいた。

特にせっかく中国に来ているからという理由で、中国語の習得に没頭しているような学生とは中国語で会話した。僕は正直どちらでもよかった。英語、中国語、どちらも僕にとっては死活的に重要な言語であるし、あらゆる機会を見つけては使いまくることでキャパシティを拡大していきたかった。

一方の授業は当然中国語である。国際関係学院という国際関係や外交を専門に扱う学部に所属していたから、先生たちの授業もそれなりに〝国際的〟だったし、中国語だけでなく英語による文献も読んだ。しかし、前のチャプターでも紹介したように、マルクス＝レーニン主義や毛沢東思想、鄧小平理論といった〝中国的〟なイデオロギー思想を中国語で学んだり、教室では中国人学生との共同作業になるから、議論のスタイルや切り口はどうしても〝中国的〟に傾いた。もちろん、北京大学の先生や学生たちは比較的リベラルであり、国際法や国際慣例にも通じていて、中国に対してもクリティカルな人が多かった。学生たちもとにかく英語を使いたかったから留学生とも頻繁に交流していた。教室の中が紅色に染まっていくような、〝中国万歳〟、〝中国一辺倒〟的な雰囲気を感じることは一度もなかった。

北京大学でのグローバリゼーション体験

2005年上半期、《国際組織》に関する授業を受講していた頃、中国各地で反日デモが発生した。当時日本は国連常任理事国入りを狙っていた。同授業の先生は、「日本は常任理事国に入るべきか？」というテーマで学生たちに議論をさせた。当然多くの中国人学生は、中国の国益という観点から「入るべきではない」というスタンスに立ち、論を展開した。一方で、約2割の中国人学生が「入るべきだ」という陣営に立って理由を述べ始める。その中に、こんなコメントがあった。

「現在常任理事国に入ろうとしているのは日本だけではありませんね。イタリアがドイツに反対するのは理解できる。アルゼンチンがブラジルに反対するのは理解できる。パキスタンがインドに反対するのは理解できる。韓国が日本に反対するのも理解できる。ただ、すでに常任理事国である我々中国があからさまに日本に反対するのはいかがなものでしょう？　大国としてのマナーに欠けるだけでなく、国際社会からいろんな色眼鏡で見られるのではないでしょうか？」

僕は「なるほど。スマートな視点だ。これが中国人学生の口から出てくるとは」と咄嗟に思った。

とまあ、こんな具合に、北京大学の教室内では、〝国際的〟と〝中国的〟という空気を同時に感じながら過ごしたものだ。それはそれで居心地の悪くない空間だった。国際社会とはなにか、中国の国家像とはなにか、といった、その後僕が言論を発信する過程で基礎になる問題意識を、北京大学の教室の中で育むことが出来たのは幸運だった。

教室から外に出てみると、さすがは改革開放を掲げる中国の国家戦略にキャッチアップしようとする北京大学、とにかく毎日のように世界中から来客が来る。現役大統領、外交官、著名企業家、学者……北京大学のキャンパス内は〝グローバリゼーション〟の空気を感じたり、〝グローバリゼーションと中国〟というテーマを考えたりするにはもってこいの空間であった。

「グローバリゼーションを体験したいなら北京大学の中にいればいいじゃん」

一方で、たとえば北京五輪が開催されようとしていた2008年上半期。北京大学も卓球会場として予定されていたから、キャンパス内では着々と工事が進められていた。共産党の幹部が北京大学内の準備状況を視察に来る直前になると、キャンパス内の樹木が植え替えられたり、突如大掛かりな道路工事が始まったりして、僕たちの学習環境は著しく脅かされた。それに、五輪開催前後は、学生証を持参しないとキャンパス内にすら入れない、特定のゲートからしか入れないという規定が突如下され、実行された。事前通知もないどころか、キャンパス内で生活している僕たちに何の相談もなかった。五輪という世紀の一大事が待ち受けているということで警備を強化する目的があったのだろうが、それにしても乱暴なやり方だと思った。僕なんかは半ば諦めムードで素直に〝お上の決まり〟に従い、おとなしくしていたが、欧米やアフリカからの学生は「こんな非民主的なやり方がまかり通っていいのか！　断固反対だ！」というスタンスで抗議していた。

とにかくトップダウン型で、スピード重視で、民意や手続きはふっ飛ばして物事を進めるようなところは極めて〝中国的〟であって、北京大学キャンパス内における〝国際的〟な一面と、見事なまでのコントラストを醸し出していた。

こんな環境に身をおきながら、僕は常に〝中国的〟、即ち「国家」が（実際は共産党のロジックだが）すべてを凌駕する文化と、〝国際的〟、即ち「グローバリゼーション」が人間関係や行動様式に浸透していく文化の両方を同時進行で体感していくことになる。両者はときに融合し、ときに対立し、ときにはただ平行線で共存していた。

グローバリゼーションの文脈と、独自路線の文脈と

空間軸を北京大学のキャンパスから中国全土へ移してみよう。

北京、上海、天津、重慶《チョンチン》、広州《グワンチョウ》、瀋陽《シェンヤン》、西安、南京……地理や風土は異なり、広大な中国大地の多様性を感じさせる。本来的なものだ。変わらない、変わってはいけないものだ。

多様性と神秘性。

どこまで歩いても、新鮮で解読できないような光景が出てきて、学ぼうとすればするほど分からなくなるばかりか遠のいていくような感覚。それが中国だ。僕が生涯をかけて解読し、付き合っていきたいと考える所以でもある。

しかし、近年看過できない、文明の進化という観点からすればある意味残念な現象が生まれているように感じている。近年、どこの都市に足を運んでも、同じ類のインフラ整備が進んでいることに気づかされる。高層ビルを立て、地下鉄を作っている。マクドナルドやスターバックスを誘致し、街には受験や留学用の英語塾の看板が並ぶ。これらの現象自体は良し悪しの尺度では測れない。富を追求するプロセスや現代化への道には、ある程度時空を超越した〝同質性〟という産物が立ちはだかるのだと思う。中国、中国人とて例外ではない、ということだろう。共産党とか社会主義とかに関係なく。

街並みは日増しに〝グローバル〟になっていく。

少なくともそう見えるし、そう聴こえる。

特に1990年代に入って以降、中国の改革開放プロセスは、とにかく外の世界から中国の発展に有益なありとあらゆるカネ、モノ、ヒト、技術、情報、資源といったファクターを取り込みつつ、トップダウン型のスタイルで、沿岸部や都市部に戦略物資を投入し、内陸部から流れてくる安い労働力でスピーディに国家建設を進行させるというものだった。そこに民衆の要望や価値観がどれだけ反映されていたかは推し量ることができない。共産党のロジックに従えば、「中国共産党は中国人民を代表している。中国人民のために働いているのであり、両者は一心同体なのである」ということになる。

国家建設の過程では地域の成長バランスや国民所得の平等性、土地の強制没収、機会均等、社会保障政策、環境汚染、役人の汚職腐敗といったあらゆる問題が発生していたが、特に僕が北京大学で学んでいた2003年から2010年は国家全体が押せ押せムードだったから、全国のアチラコチラに見られる横暴な公権力や国家建設への不満よりも、公権力を振りかざしつつ国家建設を進める共産党の業績にばかりに注目が集まり、「そんな非民主的なやり方が通用するんですか？　後で困ったことにはなりませんか？」といったツッコミが入る余地はなかったのかもしれない。仮にそんなツッコミを入れようものなら、共産党は直ちにその〝危険分子〟を拘束し、ドミノ式に蔓延する可能性のある不満の声を〝封殺〟すべく動いただろうし、僕の知る限り、特に北京五輪が開催された2008年前後は、実際にそのような圧政が敷かれていた。

フェイスブック、ユーチューブ、ツイッターが中国国内で閲覧・使用できなくなってしまったのも、ちょうどこの頃だ。

北京五輪直前には、チベット動乱（2008年3月14日）や、それに連動した聖火リレー中の反中キャンペーン、四川大地震（5月12日）など中国共産党の統治プロセスに危機意識を植え付けるような事件・事態が内外で発生していた。

このように見てくると、グローバリゼーションの文脈に乗っかっている中国と、あくまで独自路線を貫こうとする中国が交錯し、相互に影響し合いながらも共存というか、併存している状況を垣間見ることができる。北京大学のキャンパス内を彷彿させるかのように。

僕の言論活動においても同じような現象が起きていた。

日頃からテレビや新聞・雑誌の編集者やアンカーたちと付き合い、共に特集を作ったり、共演したりする過程で感じたのは、彼ら・彼女らの多くが国際感覚に富んでいて、流暢な英語を話し、且つ積極的に海外報道を取り入れ、国民を啓蒙しようとしていたことだ。米国の大学で国際関係やジャーナリズムを学んでから帰国してメディアに従事するようになった関係者もたくさんいる。僕の目から見て、昨今のメディア業界において、中国人ジャーナリストほど海外事情に関心を持ち、実際に特集番組を組んでいる人種はいないと思う。そして、中国の視聴者や読者ほど海外事情に関心を持ち、自主的に国際報道記事を読もうとする人種もいないと思う（もちろん、中国は広く、人口も多いから、関心のない人もたくさんいるが）。そういった意味で、中国の言論市場にコミットしていれば、かなりの度合で国際事情にコミットすることができる（国際報道のほうが国内問題に比べて検閲が緩やかなので、記者やデスクも規制の少ない国際報道に流れるという中国独自の事情も影響しているが）。要するに、中国の言論市場はグローバリゼーションをかなり直接的に体現しているということだ。

グローバリゼーションと国家装置の併存現象

一方で、である。

前の章でも描写したように、特に政治・歴史・宗教という3分野においては中国共産党の言論市場への統制は厳しい。学問の自由も侵蝕されている。中国共産党のスタンス、あるいは中国共産党が許容する範囲内の結論ありきで議論が進められ、論理が組み立てられる。

米国や日本と中国の関係で何か問題が起きれば（たとえば尖閣問題、米中サイバーテロ戦争など）、ＣＣＴＶ（中国中央電視台）の画面に登場する〝コメンテーター〟は１００％「悪いのは米国（日本）だ」と主張する。中国はあくまでも被害者であり、問題解決のためには相手方が自己改善をしなければならない、という論理展開が決まり事のようになっている。外交部報道官の記者会見と同じ光景だ。報道官は海外メディアからの現場質問など常時プレッシャーにさらされているが、ＣＣＴＶコメンテーターは顔の知れたキャスターとデスクと、誰もが服従する共産党のロジックという枠組みの中で論理展開をすればいいから、そんなに難しい作業ではない。語れる内容は限られている。むしろ、そのような席で口を滑らせたら大変だ（たとえば、「日本政府が尖閣諸島を国有化したからといって現状は何も変わっていない。中国政府は騒ぎ過ぎだ。事態を沈静化するためにまず落ち着かなければならないのは中国のほうだ」という類の主張）。次から呼ばれなくなることはもちろん、下手をすれば政治問題化し、キャリアを棒に振ってしまうリスクもあるだろう。

このように見てくると、僕が比較的緊密に関わってきた中国言論市場という分野においても、〝グローバリゼーション〟と〝国家装置〟の併存現象が起きている。

そうだ。僕という人間は、18歳から28歳という青春の10年間を「グローバリゼーションの中に潜む国家という魔物」という対象に対して、〝個人〟という立場で向き合い、時にぶつかり、時に跳ね返され、時に粉々にされる環境下で過ごしたのだ。あの10年間を、僕はこのように総括している。

30歳になったいま、アメリカの地で。

そんな僕だからこそ、グローバリゼーションが叫ばれる風潮になり、人々がグローバリゼーションを持ち上げても、一概に「うん！　やっぱり時代はグローバルだ！」という具合に頷いたり、親指を立てたり、納得したりできない。

少なくとも僕が青春時代を過ごした中国においては、〝グローバリゼーション〟と〝国家〟は綱引きをしながら併存していた。両者はチキンレースを繰り広げている様相を醸し出していた。どちらが妥協するわけでもない。どちらも自らの存在が当たり前と言わんばかりに、とことん前のめりに自己主張していた。

中国での経験を糧に、その後、僕はいろんな国・土地を旅した。ここで僕が赴いたことのある国家・地域を羅列してみよう（自分でも初めて数える、２０１4年8月25日現在）。

中国、台湾、香港、マカオ、韓国、タイ、ミャンマー、ラオス、ベトナム、インドネシア、オーストラリア、シンガポール、マレーシア、ブータン、イスラエル、パレスチナ、イギリス、オーストリア、チェコ、ハンガリー、ギリシャ、イタリア、ドイツ、バチカン市国、スイス、トルコ、カナダ、アメリカ、プエルトリコ、メキシコ、キューバ、エクアドル、ペルー、チリ、日本。

35ヵ国・地域。

大した数じゃない。

数が多い少ないというよりも大切なこと。それは、僕がこれらの国家・地域を歩く過程で、それぞれの土地で鮮明な印象を僕に残したのは、エルサレムからベツレヘムへ向かう過程でヘブライ文字からアラビア文字に周囲が突然切り替わる現象だったり、深圳《シェンジェン》から香港へ陸路で抜けた瞬間ユーチューブがアクセス可能になる現象であったり、日本へ帰ってくると喫茶店でWiFiや延長コードが使えない状況が多発したり、国境を接するスイス人とドイツ人が相互にいがみ合っている光景だったり、イギリス人が欧州連合に対する愚痴を僕に語ってくる体験だったり、少なくないアメリカ人がアメリカのことにしか興味がなく、英語しか話せず、パスポートも持っていない事実だったり……。

こういう〝国家〟・〝国境〟・〝国籍〟といった、人類が自然界の許可もなしに勝手に作った古典的なファクターこそが、グローバリゼーションの名の下に一体化・統合化・フラット化していく世界で、逆に僕の中で浮き彫りになっていった。

だからこそ僕は思う。

グローバリゼーションとは、国家の役割、国境の存在、国籍の差異を浮き彫りにさせる現象の連続。

そんな現象の連続を、僕は中国で感じた。アメリカに来てからも感じた。そして、日本へ帰るたびにも、そう感じている。

第9章

中国各地の大学生たちと交わしたガチンコ議論

中国で過ごした9年半、僕にとって何より楽しかったのが中国の大学生たちとの議論だ。僕は北京大学で学部・修士と学ぶ過程で、徐々に社会的活動へとコミットしていった。学生という身分で社会的に活動することの是非に関してはいろんな議論があると思う。僕は率直に言って後悔と反省の念に駆られている。大学という空間に身を置き、しかもせっかく北京大学という全国・全世界から面白い人間たちが集まってくる場所にいることができたのだから、もっともっと多くの時間とエネルギーを彼ら・彼女らとの議論や交流に割くべきだった。キャンパスの内側で。

学生には学生のやるべきことがある。

もちろん、アルバイトやインターンシップ、サークルやNGOなど学生の間でも社会的に活動することは可能だし、それ自体はgood or badの基準では判断できないし、十人十色の学生生活があっていいと思う。しかし少なくとも僕のケースに関しては、あまりにもテレビや論壇といった〝大人の世界〟に深入りしすぎてしまった。

大学・大学院を卒業して少し経ってから、猛烈に後悔するようになった。

「もっと学生らしく、のびのびとキャンパスライフに没頭すべきだった」と。

ただこの後悔があったからこそ、僕は「いま、ここで、わたしは、何をすべきか」という人生についてまわる究極の問題とこれまでよりも真剣に向き合えるようになった。これからも考え続けるだろう。

5年前ではない、いま。

伊豆ではない、北京。

他者ではない、自分。

何をすべきか。すべては主観的判断と覚悟によるのだと思う。心配になる。勇気もいる。これから大学生になる、あるいは現在大学生活を送っている人たちには、是非「いま、ここで、わたしは、何をしたいか？　何をすべきか？」というテーマにとことんぶつかって、悩んで、こだわってほしい。

公共知識分子

2000年代、中国が改革開放という大義名分の下で対外交流を促進し、日中関係は荒れに荒れ、そしてだからこそ注目もされた。そういう時代の空気が僕の背中をプッシュしてくれた。2005年からテレビでコメンテーターを務めるようになり、新聞や雑誌でもコラムを執筆するようになった。2008年からは自らのブログを持つようになり、レギュラーコラムを担当するようになった。その頃から本を出版するようにもなった。2010年を過ぎると、レギュラーコラムの執筆、テレビのコメンテーター、書籍の執筆という三つの分野を掛け持ちするようになり、生活はますます忙しくなっていった。この頃から全国各地の大学から講演のために呼ばれるようになる。

僕の中で〝大学での講演会〟は、自分の活動におけるひとつの集大成を意味していた。メディアや論壇での発信が蓄積されていき、やがて書籍のプロモーションやメディア取材も増えてきた。当然（良くも悪くも）知名度や影響力は高まり、広まっていく。僕自身が知らないところで、僕が議論されるようになる。

大学当局や学生会も、中国人ではなく外国人（しかも何かと注目されやすい日本人）として中国語で発信し、且つ大学生とも年齢が近い加藤嘉一という人間に関心を持ち、大学に招待し、学生たちと交流させよう、という発想を抱くようになっていったようだ。大学当局や学生会からすれば、それなりに有名な人間を大学に呼ぶことは実績や名声につながるし、しかも外国人である僕を呼ぶことは〝国際交流〟という大義名分にも適うのだろう。

近年、中国言論市場では〝公共知識分子〟（＝パブリック・インテレクチュアル）という言葉が流行している。学者、ジャーナリスト、文化人、社会活動家、実業家、企業家などを問わず、自らの狭い分野を越えて、シティズンに対して知的活動を展開する人たちのことをこう呼ぶ。略称は〝公知〟（ゴンジー）という。

〝公知〟が大学で講演し、お国の未来を担う若いパワーと議論を繰り広げるという、一種の文化のようなものが目に見える形で育っていったのも、2010年頃だったと個人的には記憶している。

一方で、〝公知〟は往々にして個性的で、リベラルか保守的かは別にして、ラディカルな考え方や中国共産党のイデオロギーやスタンスとは明らかに異なる価値観でもって、大学生に向かって〝啓蒙活動〟をする傾向がある。常に共産党当局の監視下にあり（中国の大学のナンバーワンは学長ではなく〝共産党委員会書記〟）、党の方針に背くような教育（特に政治的にセンシティブな人文・社会科学の分野において）や活動を実施することは、政治的にタブーとされてきた。大学は社会において最もセンシティブで、政治的にはデンジャラスな場所とも言われる。天安門事件（1989年6月4日）でも、北京大学をはじめとした全国の大学生が大活躍した。

大学当局からすれば、〝公知〟を大学に入れることはリスクにもなる。学生たちは日頃のプロパガンダや教授たちの無味乾燥な授業（もちろん例外的に面白い授業もあるのだろうが）にうんざりしており、社会的に有名で、発信力のある〝公知〟によるラディカルな特別講義に飢えている。よって、学生会で働く学生たちは、あらゆる手段・チャネルを駆使して〝公知〟にアプローチをし、キャンパス内に呼び込み、講演をしてもらおうとする。

価値観よりも距離感

一方の大学当局は、そんな学生たちと駆け引きを繰り広げながら、審査・監視を徹底する。共産党当局に目をつけられていたり、ブラックリストに入っていたり、メディアでの発言が許されないような〝公知〟は原則大学には入れない。明文化した規則は存在しないが、そういうことになっている。仮にそうじゃない〝公知〟だったとしても、影響力が大きすぎたり、ラディカルな文章（たとえば、共産党政治を真っ向から批判し、三権分立・民主主義を普及させるような文章）を発表するような〝公知〟には厳しいチェックが入る。僕の周りにも、大学に入って講演をすることが許されない〝公知〟がいる。もちろん、地域や大学によって「誰を呼ぶか、誰までなら呼んでOKか」という尺度は異なる。

政治情勢によって大学当局の慎重さ加減も変化する。たとえば北京で重要な政治会議が行われているような時期には、大学当局は慎重になる。大学生が〝公知〟による講演会を機に、反権力的な集会デモを起こしたりする事態を懸念するからだ。政治的に重要な時期に〝問題〟を起こせば、大学の責任者や担当者は無条件に左遷されてしまう可能性も高くなる。

僕の皮膚感覚からすれば、外国人に対する監視やチェックは対中国人とは少々異なる。外国人が来るということで、大学当局は当然いつも以上に慎重に講演者にデューデリジェンス（事前調査）をかける。しかし、講演者の思想や価値観に対しては（あからさまに反共産主義を唱えたり、中国の改革開放政策を頭ごなしに否定するような人間を除いて）特別なチェックは入らないようだ。そもそも外国人であるわけだから、中国人と価値観が異なり、政治や国家に対しても異なる見方を持つことはごく自然なことであるからだ。中国の大学・大学生との交流に積極的で、相互理解を促進しようという姿勢で挑んでくる講演者に対しては基本的には包容力をもって接する、というスタンスを持っていると感じた。

このような文脈に基づいて、加藤嘉一も中国の大学に入り込み、講演をし、大学生たちとの至近距離における交流に挑むようになっていったのだろう。

全く余談になるが、僕はいつも自分に起きる事を他人事のように視るようにしている。実際に現場で死闘をくり広げている加藤嘉一と、それを眺めるもう一人の加藤嘉一。二人の自分を演じながら、距離をとりながら、二人の間で対話をさせてきた。

特に中国という良くも悪くも注目されすぎていて、政治は社会主義だが経済は市場経済、国際的に影響力を誇る大国でありながら国内問題が山積みの途上国でもある。そんな中国と末永く、上手に付き合っていくためには、価値観よりも距離感が大切だと思ってきた。己の価値観で「中国はＸＸだ！」と決めつけるのではなく、常に情勢をウォッチしながら適切な距離感を持つこと。

価値観よりも、距離感。

近づきすぎても、離れすぎても、中国の真実は見えてこないし、中国人との付き合いも短命に終わると考えている。このような問題意識の下、僕なりに出した答えが、二人の加藤嘉一を持つことだ。僕は中国問題の傍観者ではない。実際に中国の言論市場に入り込み、大学の中に入り込み、インサイドでプレーをしている。中国問題の当事者で在り続けること、フィールドでプレーをし続けることは僕にとってボトムラインを意味する。それができなくなったら、ただ外から中国問題を評論するだけになったら、僕の中国キャリアは終わりだ。

一方、僕は日本人であって中国人ではない。究極的には、中国の問題は中国人によって解決されるべきだし、中国の将来は中国人によって選択されるべきだ。僕はそこに当事者としてコミットしつつも、距離感を持って、闘いの渦の中にいる当事者を冷静に眺める技術と感性を持たなければならない。（日本の現状と未来にとって、中国が極めて重要な存在であるのであればなおさらだ）

闘いながら、眺め続ける。

このアプローチが正しいかどうかなんて僕には分からない。あくまでも僕なりに考えぬいて出した現段階におけるひとつの解に過ぎない。ただ、長く、太く中国と向き合い、中国人と付き合っていくためには、これしかないと主観的に考えている。

またとない逆取材のチャンス

全国各地、いろんな大学で講演をさせていただいた。思い出深かった、主な大学名を挙げてみよう。

ハルピン工業大学、吉林《ジーリン》大学、内モンゴル科学技術大学、西北《シーベイ》大学、西北工業大学、西安欧亜学院、青海《チンハイ》民族大学、四川外国語大学、重慶大学、武漢《ウーハン》大学、華中農業大学、湖南《フーナン》大学、南京大学、東南《ドンナン》大学、河海《ハーハイ》大学、南京郵電大学、南京師範大学、江南《ジャンナン》大学、浙江《ジャージャン》師範大学、厦門《シャーメン》大学、中山大学、深圳大学、天津大学、復旦大学、同済《トンジー》大学、上海外国語大学、上海体育学院、中国青年政治学院、中国政法大学、北京師範大学、北京外国語大学、中国人民大学、北京第二外国語学院、対外経済貿易大学、中国伝媒大学、中国農業大学、外交学院、香港大学、清華大学、北京大学……。

特に2011~2012年にかけて、各地に出向いては大学に立ち寄り、講演会をさせてもらうことが多くなった。というのも、それまでは北京における勉学やテレビ出演に忙しく、なかなか北京を離れることができなかったからだ。せっかく中国にいるのだから、他の留学生みたいに、時間を見つけては地方へ旅行に行き、自分の目で中国の多様性に関する見聞を広め、深めるべきだった。

中国はなにしろ広く、奥が深い。

東西南北、気候も、文化も、飲食も、言葉も、経済発展の度合も、そして政治との距離感も異なる。だからこそ、僕たちが中国問題を考え、語る際には、常に「そもそも〝中国〟って何？」、「今語っている〝中国〟とはどこの何を指しているの？」というツッコミが不可欠だと思っている。安易に〝中国とは……〟、〝中国人は……〟という議論を展開するべきではない、ということだ。中国にもいろんな中国がある。中国人にもいろんな中国人がいる。〝中国〟と向き合い、〝中国人〟と付き合っていくためのスピリッツは、拙書『脱・中国論――日本人が中国とうまく付き合うための56のテーゼ』（日経BP社）で呈示したつもりだ。

全国各地の大学めぐりは楽しかった。繰り返しになってしまうが、僕の中国滞在期間中、あんなにも心から楽しめた時間と空間は他にはなかった。

場所にもよるけれども、僕が空港や駅に着くと、彼ら・彼女らは必ず出口で待っていてくれて、僕を暖かく出迎えてくれた。一緒に地下鉄やバスに乗り込み、道中で語り合い、大学の食堂でご飯を食べて、キャンパスや書店を散策した。現地の記者が同行することもしばしばだったが、その間も彼ら・彼女らは僕の側にいた。

「一緒にいていいよ。君たちも何か言いたいことがあれば記者さんに話すといいよ」

と言って、一緒に取材を受けたりした。それから、だいたい夜19時から始まる講演会に備えた。喫茶店でコーヒーを飲んだりしながら。常に複数の大学生を相手に、質問に答えたり、議論を交わしたりという状況だったから、講演会が始まるときにはもうクタクタ、というケースもしばしばだった。

でもこういうときのために日々ランニングで体力をつけている。中国の大学生が日々何を考え、何に悩み、国家をどう認識し、未来をどう描いているのか、といったテーマを彼ら・彼女らの口から直接聞けることは、僕にとってかけがえのない機会であり、またとない〝逆取材〟のチャンスでもあった。

僕が心から楽しめ、充実感を持てたのは、パッションを持って僕の講演会を主催し、イベントを盛り上げてくれた学生たちのおかげである。こんな処で恐縮だし、彼ら・彼女らに届くかどうかも分からないが、衷心より感謝の意を捧げたい。


君たちのおかげで、僕の中国生活は充実した。僕の中国理解は深まった。僕の中国に対する思いは熱くなった。心から、ありがとう。また再会する日まで、お互い切磋琢磨、ぶっ倒れるまで、走り続けよう。

続けてきたことは無駄じゃなかった

講演会の直前には大学当局の幹部や先生との面会が用意されていた。少しだけ緊張感が走る場面でもある。通常は、共産主義青年団（通称〝共青団〟）の書記（トップ）が出てきて、応接室のような場所で会談がセッティングされる。

「加藤さん、遠方からようこそいらっしゃいました。私もあなたの本や文章はよく読んでいるし、テレビでのコメントも拝聴していますよ。学生たちも加藤さんが来るのを楽しみにしていました。今晩は思う存分楽しんでいってください。この地で困ったことがあればなんなりとおっしゃってくださいね」

こんな感じで書記が僕に挨拶をしてくる。共青団の書記（胡錦濤前国家主席、李克強《リーカーチャン》現国務院総理も、それぞれ清華大学、北京大学の共青団で働いた経験があり、共青団を踏み台にして政治キャリアをスタートさせた）ともなれば、将来的に政治エリートの街道を歩んでいく可能性があるキーマンである。僕は出来る限り自然体でコミュニケーションを取ることを心がけた。

共青団書記や学生会幹部に連れられて講演会の会場へと向かう。会場入りすると、多くの学生たちが拍手で出迎えてくれる。以前日本のテレビ番組でも、僕の講演会の模様が映像で報道されていたが、とにかくものすごい人口密度なのだ。教室の大きさはまちまちであるが、たとえば300人が座れる教室に600人が入ったりする（これまで最も大規模な講演会は武漢大学で、大学の体育館に約3000人の学生が入っていた。学生たちが2階から上の席に座り、僕が1階のフロアーで上をめがけて語るイメージだ）。

地面には隙間がないくらい学生たちが座り込んでいる。僕が講演する舞台の足元にまで学生がいる。当然立ち見の学生もいて、窓の外や入口の外もとにかく人の海だ。二酸化炭素と酸素のバランスが崩れて、息が苦しくなる。夏で冷房がなければそれこそ汗だくになってしまう。

ミネラルウォーターとタオルが講演会の必需品だった。

だいたいの場合、僕からのレクチャーが90分、質疑応答が90分、22時頃終わるのだが、その後も書籍やノートへのサイン会や舞台上でのガチンコ議論などで、大学を後にするのは23時頃になってしまう。

舞台の上で彼ら・彼女らとコミュニケーションをしていると、多くの学生が中国で特に若者に人気のある『Vista看天下』という週刊誌を片手に僕に近寄ってくる。僕はこの媒体で2008年から約3年間、毎週中国語で1000文字程度のコラムを書かせていただいた。中国の未来を担う高校生や大学生に向けてこのコラムを書いているつもりだった。内容も日中関係とか中国政治とかいうハードなものではなくて、日中社会比較や中国の都市問題、教育の問題、格差の問題、文化の問題、就職の問題、価値観の問題、若者が直面している問題などソフトな素材を中心に取り上げた。雑誌を持ってくる学生は大概1年生か2年生だ。

ある1年生の女子学生が伝えてくれた言葉を僕は一生忘れないだろう。

「加藤先生、私は先生のコラムと一緒に高校3年間を過ごしました。先生のコラムが楽しみだったから、受験勉強もがんばれました。ありがとうございました」

次の瞬間、汗と一緒に、涙が溢れ出てきた。

「頑張ってきてよかった。異国の地で、いろいろ辛かったけど、続けてきたことは無駄じゃなかった。こういう感動を分かち合うために、僕は生きているんだ」

ただ、いつまでも感動の余韻に浸っている場合ではない。舞台上でのコミュニケーションやサイン会が終わると、本当の勝負が始まるからだ。

大学を後にしても学生たちは僕の後をつけてくるのだ。真っ暗になった道端でも議論が続く。僕も相当体力を消耗していて、立ち話も辛くなってくるから、彼ら・彼女らを引き連れて、大学付近にある安価な大衆食堂に入る。そこで火鍋や羊の串焼きを食べ、地ビールを飲みながら深夜まで語り合うのだ。彼ら・彼女らが大学のカリキュラムや当局からの思想統制に対して抱いている不満、卒業後の進路への不安、留学を考えていること、中国共産党の寿命、中国経済の行方、日中関係、日本の政治家、アニメーション、漫画……縦横無尽にありとあらゆるテーマを語り合う。僕を含めて、みんなが疲れ果ててくると、そろそろお開きにしようか、という雰囲気になる。時計の針は2時とか3時とかを指している。

お店でバイバイし、僕はそこから一人で宿泊先までとぼとぼ歩いて帰る。講演会時はびしょびしょだったシャツが乾いてくる。なんとも言えない汗の匂いがぷんぷんしてくる。タオルは首に巻いたままだ。唯一の荷物である一冊のノートを左手に、右手の人差し指と中指でペンをくるくる回しながら、疲れ果てた大脳を空っぽにするように、ゆっくり、とぼとぼ歩く。

僕は、激動の議論を経て、一人になった後のこの感覚がたまらなく気に入っている。心身共に疲労困憊。辺りは真っ暗で、非日常的な静けさだけが流れている。

この感覚を味わうために、僕は如何なる遠慮もなく議論を挑んでくる中国の大学生たちと、中国語によるガチンコ議論を続けるんだな。

心に残った三つの議論

さて、肝心のガチンコ議論の内容であるが、当時の場面をいろいろ思い出してみたが、以下、

①いまを生きる中国人学生の心の葛藤を体現している質問
②これまで受けた質問の中で最も衝撃的だった質問
③最も頻繁に受けた、避けては通れない質問

の三つを挙げ、当時の状況について僕なりに考えたことを描いてみたい。

①「私は経済学部で国際貿易を学んでいます。いま就職を考えていますが、思うような就職先が見つかりません。商務部で働きたいのですが……せっかく復旦大学に合格して、卒業後の進路は順調だと思っていたのに、本当に予想外です。私は農村出身、特別なバックグラウンドも政治的なコネもありません。どうすればいいですか？　専攻と合わない仕事なんてしたくないですけど、より広い範囲で仕事を探さないといけなさそうです。もうどうしたらいいか分からなくし……」

復旦大学での講演会すべてのアジェンダ終了後、たくさんの学生に囲まれながら、経済学部で学ぶ大学4年生の女子学生から受けた質問だ。幼い頃から勉強しかしてこなかったエリート大学生が、卒業も間近になって就職活動をし始める過程でぶつかる壁は相当高いと感じている。両親や先生たちから「いい大学に行ければ、いい就職が出来て、良い人生が送れますよ」と常に説教されてきた彼ら・彼女らが〝不都合な現実〟を前にして受けるショックは計り知れない。この女子学生が嘆くように、北京大学や復旦大学といった超エリート大学に入学・卒業する学生でも、思い描いた進路に行けないのが中国の現状だ。

僕の皮膚感覚からして、これらのエリート大学の卒業生で、（1）自らの専攻と合致していて、（2）自分がやりたい仕事で、（3）しかも報酬などの条件にも納得できる仕事に就く学生は多くて20％くらいだろう。「大学なんて行く意味なかった」と投げやりになってしまう子もいる。中国の公共世論では〝教育無用論〟すら蔓延り始めているほどだ。国家経済は成長しているが、成長のパイが公平に分配されず、国民所得はさほど伸びず、雇用の保障にも苦しんでいる中国社会。

〝ウルトラ競争社会〟で思うような社会人生活を歩めず、うつ病になったり、自殺を計ったりという若者も後を絶たない。出身や家庭のバックグラウンドにかかわらず、機会均等に基づいたメリトクラシーが制度的に確立され、「頑張れば報われる」というマインドセットが中国社会に根付くにはまだまだ時間がかかると僕は感じている。

②「中国と台湾との関係について加藤さんの率直な意見が聞きたい。中国政府は、台湾は中国の一部と言っているけれど、実際問題、台湾は独立国家じゃないですか？　ここにいるみんなだって本心ではそう思っている。中国政府が僕たちを洗脳しているだけだ。加藤さんだって、台湾と中国は全く異なる国家だと思っているんでしょ？　日本人やアメリカ人はみんなそう思っているはずだ。中国政府はこれから台湾問題をどう処理すればいいと思いますか？　現状維持ですか？　武力で統一しますか？　それとも独立を許すのでしょうか？」

北京にある中国政法大学で〝中国問題〟に関して講演した際に、質疑応答で男子学生がぶつけてきた質問だ。学生が勢い良く質問している最中、黒板の前に立って彼の主張に聞き入りながら、他の学生たちがざわついていること、そして最前列に座っていた共青団の先生が厳しい面持ちで会場全体を俯瞰している気配を感じた。

彼の質問は中国共産党のスタンスからすればpolitically incorrect、即ち〝政治的に正しくない〟主張に当たる。論壇や教室、メディアなど公の場で「中国と台湾は異なる国家だ」と語ることは政治的にタブーである。台湾は中国の〝核心的利益〟であり、中国共産党はそれに反対したり、否定したりするすべての国内外の勢力に対して徹底抗戦を繰り広げる。その意味では、あの質問をした学生はその後トラブルに巻き込まれたかもしれない。少なくとも当局からの注意を受けたり、言動が監視され始めたり、という処遇には遭っただろう。ただ、〝あの場〟においては、彼は最後まで質問をしたし、僕は質問を最後まで聞いた。そして、僕なりにあの場に流れていた政治的な空気を読みながら答えた。

「このような場所で、君のように勇敢に質問する学生にはほとんど出会ったことがない。教室での議論は自由であるべきだし、その意味で、私は君に敬意を表したい」と前置きを述べたうえで、以下のように回答した。

「まず、日本政府は1972年、中華人民共和国と国交を結んだ段階で、中華民国とは断交している。これが外交的関係だ。しかし、君も知っているように、日本と台湾はその後も民間交流を活発化させ、良好な関係を築いてきた。日本人の多くが中国と台湾は別々のアクターであると認識しており、と同時に中国と台湾が歴史の発展段階において複雑で、敏感な関係にあることをある程度理解していると思う。私自身は日本が中国、台湾それぞれと、それぞれに適した形で関係や交流を発展させることは、アジア太平洋地域の平和と発展に資すると考えている。最後に、中国政府が台湾問題をどう処理するかという問題だが、それは中国の問題であり、日本に口を挟む権限はない。ただ同じ東アジアに生きる日本人として、中台間で武力衝突が起こるような事態を望まないことだけは確かだ。如何なる局面でも平和的に対話をし、問題解決されることを望んでいる」

当たり障りのない答えだ。しかし、大学当局の関係者が監視していて、且つあれだけ多くの大学生が集結している状況下では、比較的温和に、当局を怒らせず（怒らせれば党や政府にまで通達が行ってしまい、その後の活動に支障をきたしてしまう）、と同時にラディカルな学生たちが暴れない程度に、ナショナリズムは刺激せずに、でも日本人としての視点を打ち出すように答えるくらいしか僕には出来なかった。僕の回答を聞いた学生たちが納得していたかどうかは分からないが、講演会場がカオスになったり、学生が暴れたりといった事態にはならなかった。担当の先生は内心ヒヤヒヤだったと思うが（教室内でなにか起これば担当の先生は左遷させられてしまう可能性もある）、講演会そのものは円満に終了した。

歴史問題の質問こそがチャンス

③「日中関係に関して聞きます。なぜ日本の政治家は靖国神社に参拝するのですか？　なぜ日本人は歴史を反省しないのですか？　日本人はどのような歴史教育を受けているのですか？　日本はこれからアジアで生きていく上で、歴史とどう向き合っていこうと思っているのですか？」

ほとんどすべての講演会でこの手の質問にぶつかる。ほとんどの中国人は「日本人は歴史を反省していないし、知らない」と思っていて、僕のような日本人が彼ら・彼女らの前に現れると、日頃の鬱憤や怒りをぶつけるように質問してくる。もちろん質問から逃げるつもりなど毛頭ないし、僕は毎回「よし、チャンスだ」と前向きに捉えるようにしている。なぜなら、中国の人々は、幼い頃から共産党の愛国教育やプロパガンダが行き渡った環境下で過ごしてきていて、中国史や世界史、特に日本との歴史に関しては、共産党のイデオロギーや利益に符合する歴史観しか教わってきていないからだ。

国際化が進み、いろんな情報が入ってくる時代である。中国国内でも何らかの形で外国メディアや外国人と接触し、様々な歴史観を知ることができる時代である。ただ漠然と「中国共産党の歴史観は正しい」と信じている大学生はむしろ少数派である。ただ、日本との関係となれば、彼ら・彼女らは（共産党の歴史観が絶対ではないことは百も承知の上だったとしても）日本に対する不満や反発をむき出しにしてくる。だからこそチャンスなのだ。

毎回最低限伝えようとしていることは、

「歴史観というものは多種多様であり、ひとつの歴史事件にはいろんな解釈や学説がある。一国の中で政府と民間で立場や主張が異なることなど日常茶飯事だ。その中で自分なりに考えて、徐々に真相に近づいていく努力をしなければならない」というポイントだ。

その上で、僕は逆に質問するようにしている。

「あなたが言う日本人とはどの日本人ですか？　約1億2000万人いるすべての日本人ですか？　それとも一部の日本人ですか？　あなたから見て〝歴史を反省する〟とはどういうことですか？」というように。

これまで日中の国境の狭間で生きてきて、日本国民も中国人民も何か問題が起きれば〝日本は！〟、〝中国は！〟とすぐに感情的になる。そして、メディア報道が熱くなっていくに連れて、互いの国民感情を悪化させる。しかしながら、日本人の歴史観にせよ、中国人の反日デモにせよ、実際は、いろんな人が、いろんなスタンスで、いろんな観点から歴史や現状を見ているのが真実だと僕は思っている。だからこそ、すべてを一括りにしたような議論は両国民共に慎まなければならない。みんな同じ考えをしているはずがない。声に出すかは別にして。

僕が最後に必ず言うようにしていることがある。

「日本も中国も例外ではないが、自国の歴史、自国に関わる歴史に真摯に、謙虚に、真正面から向きあおうとしない政府や国民は、国際社会からリスペクトされないし、国際社会で尊厳を持って生存していけない。日本人も、中国人も、このことだけは肝に銘じるべきだと思います」

相手の言語で、相手が理解できる言葉と表現で、でも相手に緊張感と新しい発見を与える角度と内容で、とことん語りかけること。語り続けること。ボトムラインを持って、安易な妥協はせずに、それでも歩み寄るように。

僕の中国人大学生との闘いは続く。

日中関係が悪化すればするほど、両国民間の誤解や摩擦が深まれば深まるほど、僕のような〝個人〟が奔走しなければいけない。国家間の交渉だけでは解決できない問題、それは往々にして人間の感情だったり、本性だったりする。

同じ人間として正面からぶつかっていかないといけない。外国人である僕、日本人である僕、個人である僕だからこそ、中国人の懐に入り込んで、本音をぶつけあって、闘わなければならない。中国の若者たちに、〝個人〟として〝国家〟に立ち向かうとはどういうことかを、身をもって示してあげたい。相互理解という名の境地は、その先にあるのだと思っている。

勝負は始まったばかり。本当の闘いはこれから始まる。

第10章

僕にとっての〝南京事件〟

中国に滞在した2003年から2012年までの間、いろんなことがあった。いろいろ大変だった。

中国語をゼロから磨くプロセス。

異国の地で餓死しないために生活費を稼ぐプロセス。

北京大学の授業において中国語で授業を受け、中国語で論文を書き、全国各地からの精鋭たちと競争するプロセス。

反日感情が蔓延る環境下で日本人として生活するプロセス。

言論統制が利いている中で、表現の自由が保障されない中で、日本人として中国の人たちに、中国語で語りかけるプロセス。

何を言っても、何を言わなくても、現場に現れても、現れなくても、とにかく罵られ続けるプロセス。

中国という異国の地で、外国人として、表現者として、戦い続けるプロセスには骨が折れたし、たくさん悩んで、たくさん泣いた。

でも、プロセスそのものはスリリングで、エキサイティングで、充実していた。

「いま、ここで、僕は学べている。蓄積できている。成長できている」

そんな達成感があったから、闘うことに終止符を打とうと思ったことは一度もなかった。

「いまは、ここが僕の戦場だ。いまの僕にできることはこの戦場で日々暴れることだけだ。あきらめたら、やめてしまったら、僕なんかに存在価値はない」

そう信じて現実に向き合い続けたし、あんなに充実していた日々は、おそらく僕の人生の中で二度と出現しないだろう。それだけ時代の風を感じ続けて、時代の流れに乗っかって過ごした日々だった。


人は、時として、時代の風というものに背中を押されるものだ。


そんな僕が、中国に滞在した9年半のなかで一回だけ向き合ったことのある感情がある。

「殺されるかもしれない……」

南京の地で歴史の真相について答える

2012年3月～7月、僕は北京を離れ、上海にある復旦大学の新聞学院（ジャーナリズム学部）で講座学者という立場で《異文化コミュニケーション》という授業を受け持っていた。9年間過ごした第二の故郷である北京を離れ、より〝現代的〟な上海で半年間という期間ではあったが生活できることに素直に喜びを覚えた。

少し古くなった復旦大学の教員宿舎に住みながら、毎週火曜日午前中にある授業の準備をした。授業には日本からの留学生や社会人として研修に来ている日本人の方も聴きに来てくれた。復旦大学のキャンパス内で開催された講演イベントにも呼んでもらった。学者の間で行われる勉強会にも顔を出させていただいた。

火曜日の午後には〝火曜日の午後（Tuesday's afternoon）〟というディスカッションサロンを自ら主催した。知り合いの知識人を呼んできて、復旦大学の学生たちと自由に議論をした。場所は復旦大学の学生自らが経営する喫茶店だ。告知は僕の中国版ツイッター（新浪微博《シンランウェイボー》）を使った。あとは復旦大学の学生たちとランニングをしたり、とことん議論をしたり、上海の街並みを楽しみながら散歩したり、引き続き担当していたレギュラーコラムを執筆したりと、これまでとは異なった環境で、楽しくも安らかな日々を送っていた。

復旦大学に在籍中、一人渾身の思いで続けていたプロジェクトがあった。前章でも紹介した中国各地の大学を講義で廻ることだ。

5月20日、僕は南京にいた。

文化の匂いが濃厚な南京は中国のなかで僕が最も気に入っている街のひとつだ。南京の中心地に〝先鋒《シエンフォン》書店〟というブックストアがある。僕が中国で行ったことのある書店の中では、最もユニークで、味わいの濃い空間だ（ちなみに、中国ではいまだに国営の新華《シンファー》書店が圧倒的な影響力を誇っていて、不動産コストが急騰し、且つ国民の間でなかなか読書の文化が根付かない状況下で、民間人が書店を経営するのが益々困難になっている。文化のシンボルとも言える〝町の民間書店〟のほとんどは書店と喫茶店をミックスさせ、雑貨を販売し、週末に著名人を呼んで講演会&サイン会を開催するなどして、経営難の渦中で何とか生き延びているというのが現状だ）。オーナーの銭《チエン》さんは南京では有名な知識人で、敬虔なキリスト教徒だ。地下の車庫を改造して作った店内は、奥行きがあって広々としており、キリスト教会を彷彿させるような雰囲気を漂わせている。

この日、14時半から僕の新しい本『困惑する若者達へ』の出版記念講演会が先鋒書店内で開催される予定だった。午前中には書店に到着した僕は、南京メディアの取材を2時間ほど受けた後、書店スタッフと一緒に昼食を取り、大好きな店内をぐるぐる散策しながら、最近出版された著書をパラパラめくっていた。14時を過ぎると、店内に用意された椅子は満席になり、立ち見客も続々と入ってきた。

僕からすればいつもの光景であり、特に緊張することもなく（先鋒書店での講演は2回目）、頭のなかで何を語るかイメージしながら店内をぐるぐる回り続けた。

14時半、予定通りイベントが開催される。簡単に挨拶と自己紹介をし、再び南京の地を踏むことが出来たことの喜びを来てくれた南京市民と共有しつつ、〝中国の若者は激動の転換期をどのように生き抜けばいいだろうか〟というテーマを巡って僕なりの考え方を40分ほどプレゼンした後、質疑応答に入った。

僕は質疑応答が好きだ。いま人々が何を考えているのか、会場の人たちがどう反応するのかを理解するという意味では〝逆取材〟ができるし、何より、一方通行ではないぶつかり合いが気に入っている。

ある男子大学生がこのような質問をぶつけてきた。

「中国も日本も歴史認識に問題があると思いますが、私たちはどのようにして歴史の真相を理解したらよいのでしょう？」

非常に良い質問だと思った。中国人民、しかも若い人から（抽象的な質問ではあったが）〝歴史の真相〟をめぐる質問が投げかけられるとは思っていなかった。僕の経験上、前章でも言及したように、大概の場合は「日本人はなぜ歴史を反省しないのですか？」という質問がぶつけられるからである。

僕は特にいろいろ考えるわけでもなく、熱くなっている会場に寄り添うように、自分の考えを述べ始めた。要約すると、以下の2点になる。

● 歴史の真相を理解するためには、あらゆるチャネルを駆使して、いろんな学説やデータに触れる必要がある。ひとつの歴史事件をめぐって、各国政府や民間によって立場が異なることは日常茶飯事であるし、一国の中でもいろんな考え方や解釈がある。それらに触れながら、最後は自分の頭のなかで独立的思考をすること。歴史の真相に近づくためにはそういうアプローチしか無いと僕は考えている。

● たとえば、日中戦争当時、ここ南京で発生した虐殺事件。日中政府の間では、死亡者数や詳細をめぐって立場や解釈に差異が存在する。中国政府の立場だってこれまで一貫していないし、日本国内でも政府と民間、民間の間でもあらゆる研究が存在する。このような環境下で、仮に僕が〝たったひとつの真相〟を述べなさいと言われたら、〝分からない〟と答えるしかない。いろんな学説や研究があり、定説は存在しないのだから。

僕が答える間、会場は緊張感と微妙な静けさに包まれていた。南京という日中戦争の文脈からしても非常にセンシティブな場所で〝歴史の真相〟をめぐる受け答えをしているわけだから、緊張感を伴わないわけがない。ただ、僕はそういうセンシティブな問題に直面したときのほうが燃えるタイプ。言いたいことを言おうと思った。特に、中国では「政府の見解＝唯一正しい見解」という政治事情が存在する。このような思想・言論統制（当然学者が政府の見解を覆すこともできない）が強く利いている社会で成長する若者たちは不幸だと思ってきた。だからこそ、僕のような外国人にもできることがある。

相手を敬うという当たり前のマナー

「世の中にはいろんな考え方がある。政府と民間の見解が異なるのは自然なこと。いろんな考え方や価値観に触れる過程で、自分の頭で考える癖をつけることが大切だ」

僕が一番主張したかったのはこのポイントだった。

講演会が終了すると、サイン会が始まった。サイン会の準備が書店スタッフによって進められている間、ある中年女性の方が、他のお客さんがいる前で、大声で僕を罵り始めた。

「あなたの考え方は間違っている！　ここ南京でよくもそんなデタラメなことが言えたわね！ここにいる、あなたの間違った主張を聞いた若者たちが道を踏み外したらどう責任を取るつもりなの?!」

彼女は他のお客さんや書店スタッフに囲まれ、自らの考え方を周りに主張していた。彼女は僕のどの考え方が間違っているという具体的な指摘をしていたわけではなかったから、僕自身もどのように再説明をしたらいいか分からなかった。一人の書店スタッフに、「僕から説明に行きましょうか?」と尋ねると、「いいえ、放っておけばいいですよ。もうすぐサイン会も始まります。こちらの席について待機していてください」とのことだったので、主催者の意思に従った。

他のお客さんたちも苦笑いをしながら、「加藤さん、ああいう極端な人は相手にしなくていいですよ」、「同じ中国人として恥ずかしく思うよ。ああやって公共の秩序を乱す人間を」などと僕につぶやき、中には「気にしなくてもいいですよ。いろんな人がいますから」と僕を慰めてくれる人もいた。

その後、僕に抗議をしていた女性は他のお客さんや書店スタッフに説得されながら書店を後にした。僕はサインに集中していたから、その女性と直接コミュニケーションを取ることはできなかった。講演会&サイン会はそのまま終了した。後味悪い感覚に少しだけさいなまれた僕は、書店を後にし、南京の公道を歩きながら、「まあたまにはこういうこともある。衝突も含めて経験。前を見ていこう」と気持ちを切り替えていた。

ここで特筆しておきたいが、日中間における歴史認識などの問題、中国の政治体制や社会格差の問題など含め、中国社会には実質上いろんな考え方が存在している。僕のような日本人に対する接し方や態度もそうだ。みんなが一辺倒で反対したり、賛成したりという状況ではない。

マスコミ報道だけを眺めていれば、中国人は反日で、日本人のことが嫌いで、マナーを守らなくて……といった印象を抱くかもしれない。

実際は、多くの中国人は礼儀正しく、僕のような海の物とも山の物ともつかない伊豆出身の青年に対しても気配りをしてくれる。中国での勉学や生活、言論市場での発信プロセスは苦しいものだったが、ありとあらゆる中国人が僕に手を差し伸べてくれ、優しく接してくれたから、僕はなんとか激動の中国を駆け抜けることが出来た。日中交流に多少関わってきたなかで、経験値を積み上げるなかで、「国際交流の基本は相手を敬うこと」だとしみじみ思うようになった。

昨今の日中関係は転換期にあるだけにセンシティブだし、問題は山積みで、国民感情は悪化しやすい。一触即発の事態にも陥りがちだ。その度にマスコミも国民もヒートアップする。それでも、まずは両国の国民が〝相手を敬う〟という当たり前のマナーを徹底することから始めるべきだと信ずる。

「南京大虐殺を否定した」

6月6日〜11日、僕の中国における〝最後の授業〟が挙行された。スケジュールは以下を予定していた。

- 6月6日15時〜17時　内モンゴル科学技術大学＠包頭市《パオトウ》（規模：３００人〜４００人）
- 6月7日19時〜21時　青海民族大学＠西寧《シーニン》市（規模：５００人）
- 6月8日19時〜21時　甘粛《ガンスー》農業大学＠蘭州《ランチョウ》市（規模：１２００人）
- 6月11日16時〜18時　西安翻訳学院＠西安市（規模：４００人）

7月に復旦大学を去った後、8月末にアメリカのハーバード大学に行くことがすでに決まっていた。中国では6月末には学期が終了し夏休みに入る。僕は〝最後の授業〟を前に、気合を入れ直していた。

「9年半の中国生活の集大成になる。最後は思いっきり自分を表現しよう。泣いちゃうかもしれないな」

6月5日午後、北京から内モンゴル自治区の包頭市に飛んだ。包頭市は日中貿易でもしばしば議題に上がるレアアースの生産地として有名な資源都市だ。翌日の内モンゴル科学技術大学での講演は円満に終了し、同大学の副学長先生（モンゴル族）が夕食に誘ってくれた。火鍋を食べながら、白酒を浴びるように飲みながら、親交を深めることが出来た。

「また帰ってきますね」

そう約束して、大学の関係者と別れた。帰り際に包頭市の中心地にある広場を突っ切って、市政府の入り口にまで来た。権力が集中する場所に身を置きながら、広場周辺で人々が流れ行くのを見ながら、日が落ちていく光景を眺めた。

「よし、まずは一つ目終了。残りは三つだ」

翌日早朝、包頭からまずは北京首都国際空港へ戻り、そこから西部に位置する青海省の西寧へと飛んだ。中国の飛行機は頻繁に遅延するからいつも飛ばないいんじゃないかとヒヤヒヤさせられる。

お昼ごろには西寧に到着し、青海民族大学共産主義青年団の男子先生（W先生）や学生さんたちとランチをご一緒した。皆さんセカセカしていなくて、落ち着いた面持ちで、謙虚で礼儀正しくて、とてもいい印象を抱いた。

14時には別れ、講演会まで少し時間があったから、ホテルへのチェックインを済ませ、僕の講演会企画を担当し、同行してくれた〝未来中国助学連盟〟（社会的に影響力のある学者や文化人、企業家と協力して、中国各地、特に辺境地域にある大学で講演会を主催するプロジェクトを行っているNPO組織）のZさんと一緒に塔尔寺《ターアース》という観光地を参観することにした。

参観中、トラブルが起きる。

インターネット上で加藤嘉一が叩かれていると、近くにいた、僕よりも3歳若いZさんが教えてくれた。なにやら、5月20日、僕が南京の先鋒書店で行った講演会に対する批判記事がインターネット上で広範に蔓延しているという。主な論点は「加藤嘉一が〝南京大虐殺〟を否定した」というものだった。これを受けて、「ここぞ」とばかりに保守派の論客たちがその記事を中国版ツイッター上でリツイートし、挙句の果てには、僕がこれから講演に行く予定の大学に対して「〝南京大虐殺〟を否定した加藤嘉一という輩を大学に入れるな！」とネット上で煽り、国民のナショナリズムを扇動し始めたのである。

僕が事態を理解すべくZさんらとコミュニケーションを取っていると、とうとう地方政府機関である甘粛省教育庁が「我々は甘粛農業大学に加藤嘉一講演会の中止を求める」というオフィシャルステートメントを出してしまう。政府機関がこのような声明を出すのは異例だ。

公権力から圧力をかけられた大学側はどうしようもなく、甘粛農業大学はオフィシャルな形で「我々は加藤嘉一講演会を中止する」と発表した。それだけでなく、「同講演会は学生たちが勝手に企画したもので、大学当局は一切関わっていない」という説明まで施した。

前章でも説明したが、中国の大学で当局の許可なしに学生たちが外から講師を招いて講演会イベントを敢行することなどできない。しかも甘粛農業大学における講演会の規模は１２００人。これだけ多くの学生を集めるためにはかなりの事前準備やＰＲ活動が必要であり、僕がＺさんから伺っていた話では、大学側も積極的に講演会を支持しており、学生たちも僕の来校を心待ちにしている、とのことだった。

塔尔寺を参観中だったZさんと僕は目の前で起きている状況を前に途方に暮れた。Ｚさんが僕とは少し距離をとって、周りに会話の内容を聴かれない場所で、電話で甘粛農業大学と西安翻訳学院とやりとりをしている。

通話を終えたZさんが戻ってきた。首を横に振っている。

「甘粛農業大学だけでなく、西安翻訳学院も講演会を中止にするようです。大学側も申し訳なく思っていました。ただ政府が中止を求め、世論もアンチ加藤嘉一一辺倒で盛り上がってしまっています。仕方がないでしょう」

そう残念そうに僕に語りかけてきた。

楽しみにしてきた〝最後の授業〟。こんな形で中途半端に終わってしまうことに、僕は唇をかんだ。でもどうしようもない。大学側が正式に決定したことだ。僕は「Zさん、なにはともあれ、僕の発言が引き金となってこのようなことになってしまい、ごめんなさい。せっかく用意周到に、一生懸命企画してもらったのに」

僕の言葉を聞きながら、Zさんの眼には涙が浮かんでいた。僕ももらい泣きしてしまった。太陽が照りつける中国西部の高地で、僕たちはその時間と空間にただだしがみつくように、立ち尽くすしかなかった。

最後の講演会

10分くらい沈黙が続き、僕たちはお互いを見合った。

「今晩の青海民族大学の講演会はどうなるんだろう？　あと3時間後に迫っている。予定通り行われるのだろうか？　あるいは、権力や世論の圧力を受けて、中止になってしまうんじゃないだろうか？」

僕はZさんにこう問いかけた。

「そうですね。わからないですね。W先生に電話して聞いてみます」、彼女はそう答えると、携帯電話を持って、また僕から少し離れた場所で通話を始めた。

「いま大学で緊急会議が開かれているようです。覚悟したほうがいいかもしれません」

とりあえず、ホテルに戻ろうということになった。

道中、携帯電話をチェックすると、複数の友人や知人から「加藤さん、何があったんだ？」、「いま外遊中ですよね？　世論はすごいことになっていますよ。大丈夫ですか？」、「身の安全に気をつけたほうがいい」といった内容のショートメールが入っていた。僕も数人の友人と電話をして、彼ら・彼女らが事態をどう見ているのかを確認した。

僕はかなりアップセットしていた。

上海在住の女性テレビディレクターには、「やばいよね、どうしよう？　前代未聞のピンチだよ。中国から追い出されるかもしれない。上海に戻れないかもしれない。どうしよう？」と泣きを入れてしまった。彼女は、「とりあえず落ち着いて。どうにかしようと言っても、なかなか事態が読めないわよね。とりあえず、いろいろ考えないで。目の前のことに集中して」という言葉を放った。

彼女も相当アップセットしていた。

ホテルのロビーに到着する。時刻は16時半。講演会まであと2時間半だ。僕たちはロビーのソファーに腰掛け、大学当局からの連絡を待った。お昼ごはんをご一緒したW先生の表情や仕草が脳裏を横切った。

温和で、腰の低いW先生は、ランチの席で「私たちのような大学に加藤先生にいらしていただけることは本当に幸運です。学生たちにとっても良いチャンスなのです。このような講演会イベントを行うことが出来て、私は心から嬉しく思っています」とおっしゃっていた。そんな優しいW先生が、現在大学の中で槍玉に挙げられているかもしれない。そう思うと、心が痛んだ。

「青海民族大学も公権力や大衆世論の圧力に屈して、イベントをキャンセルしてしまうんじゃないか」

Zさんと僕の間にはそういう懸念が流れていた。

Zさんの携帯電話が鳴る。彼女の表情を眺めながら、その電話がW先生からだということは容易に察知できた。

「加藤さん、講演会は予定通り行われます。時間も場所も変更はありません」

Zさんが少しだけ力強く、こう言った。

僕はホッとしたと同時に、なんとも言えない緊張感が襲ってきた。青海民族大学の先生たちも学生たちも〝今起きている状況〟を知らないはずがない。Zさん曰く、いま現在「加藤嘉一が〝南京大虐殺〟を否定。甘粛教育庁が甘粛農業大学に講演会中止を要求」が各ポータルサイトのヘッドラインを占めているという。

夜の講演会でも会場が荒れるかもしれない。もしかしたら、暴力的な事件が起きてしまうかもしれない。おそらく公安当局は〝私服警察〟を派遣して、万が一のために備えるだろう。大学側の圧力も相当なものだ。なぜなら、青海民族大学と甘粛農業大学は異なる行政区域にあるとはいえ、すでに甘粛省教育庁という政府機関がオフィシャルに管轄内大学に講演会の中止を命じているのだ。世論が盛り上がっているだけならまだしも、政府が指令を出してしまった事実は、政治の国・中国では極めて重い意味を持つのだ。

Zさん曰く、W先生が「加藤先生はすでに西寧までいらしていただいている。何が起ころうとも、いまさらイベントを中止するのは遠方からいらした外国の友人に失礼だ」と主張し、大学当局からの圧力に屈せず、瀬戸際で粘ってくれたのだという。僕は心から感動したと同時に、W先生がこれから大学でまずい立場に追い込まれ、何らかの処罰を受けるのではないかと心配になった。

若いのに芯が強く、とてもしっかりしたZさんが僕に話しかける。

「加藤さん、青海民族大学が最後になります」

彼女は僕の両眼をじっと覗きこんでいる。

僕も乱れていた精神をゆっくり整えながら、彼女の両眼をまっすぐ見て答えた。

「はい。ここが最後です。最後の授業です。たとえ何が起ころうとも、ここ西寧の地でベストを尽くします。最高の自分を表現します」

ただ無心で挑むだけ

僕たちはホテルから徒歩で青海民族大学のキャンパスへと向かった。民族大学というだけあって、多くの少数民族が共存しながら学んでいる。校舎の構えからも多民族国家という雰囲気を感じた。

18時半過ぎ、会場に到着する。会場はすでにざわついていた。W先生が出迎えてくれた。W先生の顔を見るなり、「ご迷惑をお掛けしています」、僕は申し訳ない気持ちを伝えた。

「いえいえ、大丈夫です。手を携えて講演会を成功させましょう」

温和で謙虚なW先生の声は力強さでみなぎっていた。僕は安心して、全力投球をすべく、講演会の直前までコンディショニングを心がけた。

時刻が19時を廻る。会場は満席、地べたに座り込む学生、立ち見の学生もたくさんいた。800人くらいは入っていただろうか。人口密度が高く、空気が薄く、センシティブで、緊張感のある空間での講演会はこれまでも数えきれないくらいこなしてきた。

「いつもと同じだ。特別なことは何もない。ただ無心で挑むだけだ」

僕はそう自分に言い聞かせ、舞台へと上がっていった。〝今起こっている状況〟はすでに頭の片隅にしまいこんでいた。今眼の前にいる学生たちだけが、僕が挑むべき対象だった。

複雑で転換期にある国情のなか、〝愛国と成長〟をどう捉えるか、どのように国家とともに歩み、且つ個人の成長を追求していくか、に関するスピーチを約70分行った。一言一言、これまで学んできた中国語や中国事情、自分なりの観察と思考を絞りだすように語り続けた。僕は集中していた。たまにW先生の方を見た。先生は両眼で答えてくれた。僕たちはアイコンタクトで「よし、大丈夫」という感覚を共有しあっていた。

会場からはたくさんの拍手をもらった。雰囲気は悪くなかった。自然な流れで質疑応答に入った。語学をどう向上させるか、僕が中国に来てからの軌跡、愛国と成長のバランスが崩れた時にどうするか、留学することの意味はなにか、そして、日本人はなぜ歴史を反省しないのか……。

僕はいつものように、汗だくになりながら、学生たちとのインタラクションに集中し、楽しんだ。内心は少しだけ不安だった。いつ学生が立ち上がって抗議行動をするか不安だったし、〝今起きている状況〟に関する質問が出たらどのように答えるかをずっと頭のなかでイメージしていた。

結果的に、〝今起きている状況〟に関する質問は出なかった。多くの学生が聞きたかったはずだ。僕はとにかく与えられた質問に全力で、気迫を持って答えることで、学生たちに「今起きている状況なんかよりも、本来加藤さんと語り合いたい内容のほうが大事だよな」と思ってほしかった。その思いが伝わったからかどうかは分からない。結果的に、青海民族大学での講演会は無事に終了した。W先生とも握手をして、学生たちとも互いを労うように別れた。その後、W先生が青海民族大学でどういう境遇に遭ったのかは分からない。その後連絡もとっていない。

22時過ぎ、キャンパスを後にした僕とZさんは、何を語るわけでもなく、静けさに包まれた西寧の公道をとぼとぼと歩きつつ、ホテルを目指した。1マイルほどのディスタンス。これまで歩んできたなかで直面した様々な光景が頭のなかをよぎっていく。

最後の授業は終わった。

ホテルのロビーに到着する。Zさんが「お疲れ様でした。今日はゆっくり休んでくださいね」と僕を労う。彼女の表情には安堵と悔しさの両方が滲んでいる。今回、彼女は本当に一生懸命プロジェクトを企画してくれた。「加藤さんにとって最後の授業だから」という思いを強く持って、大学側や関連機関と折衝を続けてくれた。僕なんかよりもよほど強い気持ちを持って、〝最後の授業〟を円満に成功させるべく動いてくれていた。

僕たちはハグをした。10秒くらい。僕なりに彼女の苦労とがんばりを労った。そして、それぞれの部屋へと消えていった。これから、それぞれ別々の道を歩むのだ。何が起こっても、歩み続けなければならないんだ。そう誓い合うように。

部屋に帰ってきた。シャワーを浴びて、一息つくと、恐る恐るパソコンを開いてみる。いくつかのポータルサイトに同時にアクセスする。

「ああ……」

世論は依然ヒートアップしていた。「加藤嘉一が〝南京大虐殺〟を否定」。中国版ツイッターや掲示板だけならまだしも、メディアがニュースとして原稿を書き、ウェブメディアを通じてガンガン拡散してしまっている。

「まずいなあ。やばいよなあ。こんな状況、普通じゃないよなあ。もしかしたら、殺されるかもしれない……」いろいろな局面を考えようとしたし、感情的にもなった。でも、心身共に疲れきっていて、脳みそが動かない。涙も出ない。

「とりあえず寝るしかない」

布団に突っ込んだ。go to bed。

炎上する世論に対しブログで声明を発表

よく眠った。顔を洗って、乱れた髪を整えて、服を着替える。

平常心の範囲内だったが、パソコンを開いてみると、世論は相変わらず荒れている。携帯電話を持って、部屋を出る。あまりいろいろ考えず、ゆっくり朝食を摂って、それからホテルを出た。1時間くらい散歩をしながら、〝今起きている状況〟にどう対処しようか考えた。〝最後の授業〟は途中で頓挫した。これから何らかの措置を取ったからといって、授業が復活するはずもない。しかし、世論が炎上している状況下で、現状を直視しなければならない、とも考えていた。

「いつものように、無視かな」

僕はこれまでもネット上で炎上したり、加藤批判がガーッと起こっても、事態を静観し、ただやることに集中する、というスタンスを堅持してきた。面と向かってのコミュニケーションではなく、ネット上での口論や喧嘩をしてもまったく建設的ではないと考えるからだ。

一方で、今回はその規模や威力が違った。これまでとは異なる状況だけに、ピンポイントの対処が必要ではないか、とも考えた。一番心配だったのが、加藤嘉一の〝南京事件〟がきっかけとなって、中国で反日感情が再び蔓延したり、反日デモが勃発したり、日中関係にひびを入れてしまうことだった。それだけは避けなければいけないと考えていた。

さすがに今回ばかりは一人だけで判断はできない。

信頼できる三人の友人（女性二人、男性一人）に電話をして、対処法を相談した。

「大変だったね」

「まあ気を落とさずに。こういうこともあるよ」

こんな具合に僕を慰めてくれた。ただ三人とも共通してアドバイスしてくれたのが、以下のポイントだった。

「保守派の論客たちが加藤さんを触媒にしてリベラル派に圧力をかけようとしている構造は明白。あなたはスケープゴートに過ぎない。南京の先鋒書店の映像を確認したけれど、あなたは歴史を否定していない。〝分からない〟という言葉がひとり歩きして、歪曲されて蔓延しているに過ぎない。証拠があるから大丈夫。ただ、やはり今回ばかりは加藤さん自らが声明を出したほうがいい。そうしないと、世論は収まらないし、加藤さんの中国における今後の活動にも悪影響があるでしょう」

「もうすぐアメリカにいくから別にいいや」とは到底思わなかった。僕は生涯をかけて中国の市場や世論と付き合っていく覚悟を持って取り組んできた。長い人生、山あり谷あり、いろんな修羅場に直面するのは当たり前。ただその都度我慢強く対処していく勇気だけは持ち続けなければならない。そう思っていた。

三人のアドバイスを受け入れて、「無視」という選択肢は捨てることにした。自らのブログで声明を発表し、それを中国版ツイッターにも貼り付けることにした。

声明の形式や内容を考えるべく、昼間は外をブラブラ散歩することにした。快晴の西寧。標高がけっこう高い（約2300メートル）から、速歩きになると息が苦しくなる。イスラム教徒が多い地域だけに、街のいたるところでムスリムに遭遇したし、モスクを見かけた。僕にとっては真新しい土地、〝今起きている状況〟に対する処理法を考えつつも、可能な限り〝観光〟を楽しもうと心に決めた。

散歩の間も、10分おきくらいに知人から電話がかかってきた。みんなすごく僕のことを気にかけてくれたし、一緒に対処法を考えてくれた。

僕にはひとつだけやらなければならないことがあった。それは、共産党の指導部が今回の〝事件〟をどう捉えているかという肝心なポイントを確認することだった。僕は上層部につながっているある友人を通じて、共産党上層部に「いま、上は事態をどう見ているか?」を確認してもらった。仮に上層部が事態を重く受け止めていて、僕を中国から追放しようとしたり、外交部が抗議の声明を出したり、あるいは中国メディアに指令を出して、「今後一切加藤嘉一の文章を掲載しないように」という〝封殺〟的措置を取るような状況であれば、かなり深刻だ。当然僕の中国におけるキャリアは終わりだ。少なくとも、共産党一党支配が続くかぎりは。

友人から電話が返ってくる。

「加藤さん、大丈夫、心配しなくていい。上もこの案件で話し合いをもったようだ。書店講演会の映像も観た。加藤さんは歴史を否定したわけではないことは上も理解している。甘粛省教育庁は完全に暴走した。加藤さんは外国人だし、対外関係を担当する部門との相談や許可もなしに、一地方政府が外交関係に関わる案件に関して勝手に声明を出すようなことがあってはならない。上はむしろこの国内問題を重く受け止めている。加藤さんを気の毒に思っていたよ」

この内容を聞いて、心からホッとした。少なくとも、政治サイドは今回の事件を問題にはしない、即ち、僕の今後の中国における活動が政治的に封殺されることはない、ということだ。

「あとは世論だな」

途中、Zさんと電話で話をして、翌日午後のフライトで上海へ戻ることが決まった。西寧でもう一泊するということだ。

「西寧滞在中に声明を発表して、それから上海へ帰ろう」

そう気合を入れた僕は、夕食をとってから、ホテルに戻り、声明の起草案の作成にとりかかった。時刻は19時を廻っていた。

1時間くらいかけてドラフトを完成させると、信頼できる友人三人にメールで送って見てもらった。日頃の原稿とはわけが違う。編集者もいない。自分で書いて、自分でアップする。しかも、〝この状況〟での電撃声明である。声明を出したことがかえって裏目に出て、更なる炎上を呼び起こすようでは本末転倒だ。言葉の問題ではなくて、中国の読者がこの声明を見た時にどう感じるか、表現は適切かどうか、という問題を危機管理の視点から相談に乗ってもらった。

世論に理性と均衡が戻ってきた

声明の修正作業はそれなりの労力と時間を要した。三人と別々にやりとりする過程で、意見が一致しない場合もあるし、三人からのアドバイスには異なる点は多かった。声明の長さ、内容、どこまで踏み込むか、どこを避けるか、などなど。

いろんな考え方を聞いて、最後は自分で仕上げた。ブログにアップしたときにはすでに日が変わっていた。中国語で950文字の声明では、当時南京の先鋒書店での場面を振り返り、ある男子学生から〝歴史の真相〟に関する質問に答える形での発言だったことに言及した上で、「私が主張したかったこと」を以下のように列記した。

（一）日中双方ともに歴史認識に対して謙虚に、反省していくべきである（特定の一事件を指しているわけではない）。当時の私の発言が伝播される過程で、一部の人達は私の発言を〝中国人は南京大虐殺を自ら反省すべきだ〟と受け取ったようだが、これは私が発言しようとした主旨ではないし、事実に反する。

（二）歴史の真相を理解するためには、あらゆるチャネルを通じて、あらゆる国家のあらゆる情報に触れて、最後は一人ひとりが独立的に思考すること。その過程で、歴史の真相というものは徐々に見えてくるものだと考える。

（三）私が〝南京大虐殺〟に触れる過程で〝分からない〟（中国語で〝不明白〟）と言ったのは、具体的な数字や詳細に対してである。日中の間で、政府と民間の間で、一国社会の中で、様々な立場や解釈が存在する。我々は真相を追い求める道の途上にいるのであり、まだまだゴールには達していない。努力を続ける必要がある。ただ、仮に私の発言が誤解を産んでしまったとすれば、それは私の言葉の表現に足らぬことがあったということであり、反省すると同時に、今後改めていきたい。

声明を中国版ツイッターにもアップして、当時の映像をリンクで貼った。当然すぐさま反響を呼び、リツイートが繰り返された。日が変わっていたし、かなり疲れていたから、「とりあえず出すものは出した。これで世論が収まらなければどうしようもない。とりあえず事態の鎮静化を待とう」、そう思って、ゆっくりとパソコンを閉じ、歯を磨いて、服を着替えて、ベッドに入った。

翌朝も自然に目が覚めた。身支度をして、朝食を食べて、ホテルの周りを散歩して、それから部屋に戻ってパソコンを開いた。予想通り、ツイッター上では論争が巻き起こっていた。

「加藤嘉一を中国から追い出せ！」

「二度と発言させるな！」

「日本人は歴史を反省しない民族だ！」

「加藤嘉一を殺してしまえ！」

ありとあらゆる罵詈雑言が散見された。一方で、僕が発表した声明と映像を自分で確認した一部の人たちもコメントを発表していた。

「加藤嘉一は歴史を否定したわけじゃないじゃん」

「なんだ、全然普通の発言じゃないか」

「事実も確認しないで勝手に解釈して、一人の外国人を懲らしめようとするなんて、同じ中国人として恥ずかしい」

こういった発言も見られた。外国人である僕のような人間が中国の地でいろいろ発言したり、アクションをとれば、ありとあらゆるリアクションが起こるのは当たり前であり、誹謗中傷とかは全く気にしていなかった。自分が言わんとしていたことを伝えるだけで十分。あとはみなさんが独自に判断してくれればいい。そういうスタンスで〝今起きている状況〟に向き合っていこうと気持ちは切り替わっていた。世論に対して影響力のある知識人たちも少しずつ〝加藤嘉一南京事件〟にコメントをし始めていた。当然、「加藤嘉一のような人間に二度と発言させるな」、「中国から追い出して、封殺すべきだ」といった保守派からの批判も見られたが、映像をきちんと確認して、僕の声明を読んだ上で「盲目的になるべきではない。事実に基づいたコメントをするべきだ。加藤嘉一が何を言ったか、何を言おうとしていたか、映像と声明を読めば分かるはずだ」といったコメントも増えてきた。

僕は世論に理性と均衡が戻ってきたことを感じると、荷物の整理を始めた。お昼にはチェックアウトをして、空港に向かわなければならない。

依然として世論は盛り上がっていて、どこで何が起こるとも限らない。

「ナイフをもった愛国青年が僕に襲いかかってくる可能性だってあるんだから」

僕は気を引き締めた。無理矢理緊張感を持たせようとした。

空港に到着し、チェックインを済ませ、北京へ向かうZさんに別れを告げた。

「青海省西寧か。生涯忘れない土地になるな」

そんな気持ちを胸に、僕は飛行機に乗り込んだ。

数時間後、無事上海浦東《プードン》国際空港へ到着した。集中力は切らさないようにした。浦東空港から復旦大学はかなり距離がある。タクシーに乗れば１５０元以上はかかる。地下鉄で行けば５元くらいだ。

「どうしようかな。地下鉄危ないかな……。まっ、大丈夫か。いつもどおり動くことが一番の危機管理になる」

そう心を決めると、地下鉄に乗り込んだ。

翌日、復旦大学の関連部署に事情説明に行った。僕の世話係をしてくれていた先生は、「加藤さん、大変だったね。言動は慎重にね。中国ナショナリズムの威力を思い知ったでしょう?」

と笑いながら慰めてくれた。復旦大学もこの事件を問題にしたり、僕に何らかの処分を下すことまでは考えていないようだった。

母校である北京大学でお世話になった先生たちにもメールを送り、「このたびはお騒がせして申し訳ございませんでした」と詫びを入れた。「加藤さんは何かと注目されるし、目立つからね。こういうこともある。いい勉強になったと思って、教訓とすればいいでしょう」と励ましの言葉をいただいた。

約2ヵ月が経った。渡米する前、夏に一時帰国していた際に、外務省の某幹部と意見交換をする機会があった。終始中国問題がテーマだった。対中政策に関わる立場にあったこの幹部は、「加藤さんの事件に関して、私ももちろん承知していたし、心配もしていた。大変だったろうけど、これだけ若い時期にあれだけスリリングな事件に巻き込まれたなんて、本当にいい経験をしたね」と労ってくれた。

「殺されるかもしれない……」

あのときの恐怖が、不意に脳裏をかすめた。

◉北京　2012

第11章

中国からもうひとつの大国アメリカへ

２０１２年８月28日の夕方、ハーバード大学があるマサチューセッツ州ケンブリッジにやってきた。半袖だと少し肌寒いくらいだ。現地で僕の世話をしてくれた友人たちと夕食を済ませると、ハーバードスクエアホテルにチェックインした。

ハーバード大学の〝敷地内〟にあるホテルで、僕がフェローとして所属するケネディスクール（公共政策大学院）の真横にあった。宿泊は１日２００ドル以上、結構な値段である。中国から来ただけに、その〝お値段〟の高騰ぶりには余計にひっくりかえった。中国では大体１泊２００元くらいのビジネスホテルに泊まっていたから、約６倍に跳ね上がったことになる。渡米初日から早くも、「ここは中国じゃない。アメリカなんだ」という認識を鮮烈に抱くことになった。

でもしかたがない。手配していたアパートは８月31日の夜にならないと入れなかったから、已む無くホテルで３泊することにしたのだ。

時計の針は午後8時を回っていた。

「ビールでも飲みにいくか」

お酒は嫌いではない。一人で静かに飲むのも、問題意識や価値観を共有できる同志とマンツーマンで政治や経済や人生を語り合いながら飲むのも、心を許せる友人たちとワイワイ飲むのも、僕は好きだ。

一番好きなのはビール。公道を暴走して、汗をたっぷりかいて、シャワーを浴びた直後の冷えたビール。これ以上に美味たる瞬間はない。

ビール以外はワインかな。

日本酒や焼酎、中国の白酒は正直口や胃に合わない。中国で過ごした頃は毎晩のように白酒を飲んだ、というよりは飲まされた。人付き合いというか、中国人と親交を深めるためには致し方なかった。25歳を過ぎて、なかなか無理が利かなくなってくると、白酒は極力控えるようにした。断れるようにもなってきた。いまとなってはほとんど飲まない。核心的に重要だと判断した場面においては我を捨てて相手とタイマンを張るけれども、それも年に1、2回といったところだ。

軽装に着替えて、ホテルを出る。土地勘がゼロというコンディションも嫌いではない。新たに開拓していくプロセスは己に視野や見識を広げる機会を与えてくれる。

「まあブラブラ歩こうか」

道路を渡ると、前方に若者たちが賑やかに騒いでいるビアガーデンが目に止まった。

「アメリカ人の社交や飲み方をウォッチしながら飲むのもいいな」

そう思って入っていく。男女のカップルがイチャイチャしていたり、男同士で騒いだりしていた。騒音のパラダイスのような空間に、心は踊る。

「みんなストレスレスだな。アメリカ人ってなんか余裕あるな」

そんな風に感じながら、ボストンの地ビール、サミュエル・アダムズを注文した。大きめのプラスチックカップで6ドル。一口目がたまらなく美味しい。薄くて水を彷彿させるような中国のビールはもちろん、日本のビールよりも濃厚だ。

僕はアメリカのビール文化というか、何処に行っても現地の地ビールがあって、味や色もそれぞれで、大概の場合小さめの瓶ビールにそのまま口をつけて、悪酔いせず、好い加減に楽しくワイワイ飲む雰囲気が気に入っている。

正直言って、アメリカの食べ物は美味しくない。走ることを日課とする僕にはカロリーも分量も不健康極まりない。でもビールは素晴らしい（もちろんビールも不健康だが）。中国と真逆って感じだ。中国のビールはかなり薄味で、しかも冷えてないことも度々ある。安定感に欠けるというか、ビール文化そのものを心から楽しめない。でも、食べ物はとにかく美味しい。種類も豊富で、食文化は悠久というか、伝統や風情を感じずにはいられない。しかも、ハズレがない。

味と、色と、文化。

アメリカに来てますますビールが好きになった。ちなみに、一番好きなビールはボストンの北東部に位置するメイン州ポートランドで生産されているアラガッシュという白ビール。ベルギースタイルだ。

You are illegal!

ちょっとガヤガヤしすぎていて、さすがにもう少し静かなところで飲みたいな、と思ったから、僕はビールを持ったまま外へ出た。ハーバードスクエアは静まり返っていた。肝っ玉が小さくて臆病な僕は、初のアメリカに寂しくなって、ホームシックになると思ったけれど、意外にそうでもない。僕も28歳になっていた。中国に飛び立ったときは18歳。10年という月日が流れたことになる。

「この10年間、僕は何をしてきたんだろう？　長いと言われる人生の中で、この10年間は何を意味するんだろう？」

そんなことを妄想しながら、これから闘っていく土地に身を委ねるように、人の流れを俯瞰しながらビールを飲んでいた。

異国の地を包み込む雰囲気に浸っていると、思いがけない現象が僕を襲った。

「Sir, what are you doing here? Do not do that」(あなたここで何をしているんだ？　そんなことをしてはいけない)

男の警察官二人が文句を言ってきた。まるで僕を警察に連れて行くかのような形相だ。僕からすれば、静かに楽しくビールを飲んでいるのに、邪魔された気がして、ちょっとだけムカついた。

「I am doing what? Am I an illegal man?」(私が何をしていると言うんだ？　違法かい？)

アメリカは法治国家と聞いていた。法も犯していないのにプライベートな時間を邪魔される筋合いはないと思って、僕は少しだけポリスメンにつっかかった。

次の瞬間、意外な答えが返ってくる。

「Yeah man, you are illegal!」(そうだ、メン、君は違法だ！)

「えっ、違法⁉」

僕は頭の中がひっくり返ったような気分に陥ってしまう。

なぜ道端でビールを飲むことが違法なのだ？　誰にも迷惑をかけていないではないか？　公共の秩序も乱してはいないではないか？

このポリスメンによれば、ここマサチューセッツ州では公の場でアルコールを口にすることは違法であり、プラスチックカップに注がれた、何処から見てもビールにしか見えない飲み物を、公然の場で何の罪意識も感じさせない態度で飲んでいた僕はAn illegal manということとになる、ということらしかった。

「そうなのか、アメリカって、公の場でお酒飲むの、違法なんだ」

初めて知った事実というか、ルールだった。度肝を抜かれた気分だった。

中国では人々がビールを水分補給のようにそこら中で飲んでいたし、日本でも（マナーの問題は置いておいて）公共の場でお酒を飲むのは違法ではない。仮に違法であれば、お花見やピクニックの現場でもお酒が飲めなくなることになる。

僕は若干挑発的に「Am I an illegal man?」などとほざいたことを恥じ、悔いた。郷に入れば郷に従え、は国境を越えて生きる人間からすれば当然のマナーであり、それができなければ国境を越える資格など無い。しかも事前勉強を疎かにしていた自分。情けないったらありゃしない。

「もしかして、渡米初日から逮捕?……」

そんな悪夢が頭をよぎる。中国のノリでアメリカに来てしまった自分が悪い。それとも、己のコンディションはまだディス・イズ・チャイナだったのだろうか。

僕は謝罪して、寛大な対処をお願いした。

「申し訳ございません。実は今日ボストンに着いたばかりで、そんな法律があることを知りませんでした。悪気はなかったんです。これを肝に銘じ、これからは断じて公の場でビールは飲みませんので、今回ばかりは許していただけますか?」

こう申し上げて頭を何度も下げた。二人は小声で話し合い、頷くと、僕に対してこう忠告してきた。

「分かった。今回ばかりは大目に見る。これからは気をつけるように。Enjoy your life in the United States man」

僕は頭を下げて御礼を申し上げると同時に、「なんて寛大な人なんだ。忠告するだけじゃなくて、僕のアメリカンライフを祝福してくれるなんて」、そう思って素直に感動した。渡米初日から「アメリカ人とは？」というテーマを考えさせられるきっかけというか、生きた素材に遭遇することになった。

「これも勉強だ」

その後知ったことだが、アメリカではアルコールを購入したり、お店で飲んだりする場合にもＩＤを要求されることが少なくない。飲酒運転に関しても「一定量以内ならＯＫ」というルールが存在することも知った。実際、ボストンで知り合った多くの知人たちはパーティや会食で飲んだ後も、何事もなかったかのように自分で運転し、帰路の途へと消えていった。僕が中国で知り合った多くの知人たちがそうしていたように。

大国から大国への移動

そもそも僕はなぜアメリカの地を踏んだのか。

幼い頃から〝外の世界〟には興味があったし、本心から日本を出たかった。本書で書いてきたとおりだ。ただ、僕にとって〝世界〟＝〝アメリカ〟ではなかった。グローバリゼーションがアメリカナイゼーションではないように。

単純に生まれ育った日本とは異なる環境や人々、価値観に触れたかった。その過程で、自分が日本人たる所以を探したかった。ただそれだけだ。

対アメリカに関しては、むしろ太平洋戦争をめぐる思考のほうが僕の中では顕著だった。日本はアメリカに真珠湾攻撃をしかけた。アメリカは本気になり、広島と長崎に人類史上初の原子爆弾を落とした。

なぜ日本はアメリカに戦争をしかけたのか。

なぜアメリカは原子爆弾を日本の土地に落としたのか。

少なくとも僕の心の中では、単純にアメリカを受け入れて、その国を好きになることは出来なかった。日米同盟が如何に重要で、戦後日本外交の礎になってきたか、といったトピックとは別次元の意味において、である。

降伏後、日本はアメリカの占領を受けることになる。いまも日本社会の根幹であり、日本人が生きていく後ろ盾である日本国憲法も、国産ではなく米国産だ。日本の領土にはいまでも米軍基地がある。僕が大好きで、ライフワークとして生涯関わっていきたいと思っている沖縄の土地には、在日米軍の74％が集中している。

当時の状況を顧みれば「しょうがなかった」のかもしれない。東京裁判を巡っても様々な論議があるけれども、日本はすべてを政治的に、外交的に受け入れた上で（心理的という側面は別問題。すべての国家に生きるすべての国民に、悔しかったり、プライドを傷つけられたり、納得いかなかったり、無念だったり、といった心理的障害は存在する。日本だけが例外ではない）、主権国家として国際社会への復帰を果たした。東京裁判を真っ向から否定することは日本の戦後の歩みをも否定することにつながりうる。僕はそう思う。少なくとも、祖国の先輩方が自らの進退を賭けて現実を受け入れ、死に物狂いで築いてきた戦後ニッポンの果実を享受する世代に生まれた僕は、歴史を正視し、現実を受け入れた上で、これからどういう精神で、何を追い求めていくか、という問題と葛藤すべきだと思う。

過去は変えられないが、未来は選べるのだから。

15歳で初めて出国し、シドニー五輪直前のオーストラリアに2週間滞在した。ホストファミリーと英語で会話をし、広大な大地、寛大な人々と接する中で、少しでも早く海外で生活したい、という思いがますます強くなった。ここで言う〝海外〟が英語圏を意味していたことは自分でも分かっていた。オーストラリアが一番のフェイバリットで、後はアメリカ、イギリス、カナダ、といった感じ。だから、アメリカは「一日でも早く生活したい英語圏」のなかのひとつにすぎなかった。もちろん、それでも僕にとってはIt means a lotだったけれども。

高校を卒業して、アメリカに行かなかったのは、僕にそこまでの実力がなかったこと以外に、やはり経済面が大きかった。アメリカの私立大学に行くためには学費や生活費を合わせて年間4~5万ドルかかるという。我が家の家庭・経済状況を考えれば、それは200%不可能に近い現実だった。

結果的に、ある意味消去法で中国を選んだ理由は、これまでの章でも書いてきた。そして、中国という社会主義国で生活しながら、思いもよらず今まで目撃したことのない国際性と多様性に触れることが出来た。国際関係学院という学部に所属していたこともあり、海外事情に日常的に触れることが許されたし、中国が改革開放を貪欲なまでに推し進めていた時代的環境もあり、北京大学、特に僕が学んでいた学部は、その流れに乗ろうとしていた。

アメリカの政治家、学者、ジャーナリスト、そして学生たちが日々国際関係学院を訪れては、僕たち学生と交流してくれた。北京大学というプラットフォームで学ぶ過程で、アメリカという存在が次第にstrangeではなくなっていった。言い換えれば、中国という異国の地で、同じく異国の地であるアメリカを知り、そしてアメリカ人に触れることができた。

もともと国際関係や外交に興味があった僕は、中国とアメリカの関係や交流の現状にも関心を抱くようになったし、それだけでなく、日本人という第三者の立場で、米中関係という21世紀で最も重要だと言われる外交関係をどう理解し、コミットしていくか、という問題をも考えるようになっていった。

大学3年生になると、進路のことも考え始めた。この頃になると、オーストラリア、カナダ、イギリスではなくて、「アメリカに行ってみたい」という思いが強くなっていた。やはり北京大学での経験と、中国という世界の超大国を目指している国で生活したことが大きかった。

大国から大国へ。

「次はアメリカしかない」

問題はどのタイミングで行くか、だった。前のチャプターでも書いたが、学部生を卒業する頃、僕はちょうど主観的に「自分はノッている」と思い込んでいた。だから、「中国を離れるのはいまじゃない」と勝手に判断し、大学院に行きながら、言論活動を続けていこうという選択をしたのである。

日本の将来を考えた時、同盟国であるアメリカ、最大の貿易パートナーとなった中国とどう付き合っていくか、安全保障と経済成長という国家の平和と繁栄からしてみれば車の両輪のようなファクターを前に、「日本はアメリカと中国の狭間でどう生きていくべきなのか」、という問題意識が芽生えてきたのは、北京大学で大学院生をしていた頃、即ち中国が北京五輪を主催し、国際社会におけるプレゼンスを高めようとし、かつその過程でアメリカをはじめとした国際社会との矛盾や摩擦が深まっていった頃のことであった。

第三者的な立場からのアプローチ

2012年8月、ついにこれまで〝夢〟にまで見たアメリカを目指すことになった。中国からアメリカへ渡る過程で、日本、中国、アメリカの人生の先輩方に相談に乗っていただき、大変お世話になった。

多くの先輩方が、「日本人である加藤さんが、中国での経験を持ってアメリカへ行き、またそこから中国を観察し、その過程で日本の将来を考えてみるのは面白い」というスタンスに立って、僕のアメリカ行きを支持してくださった。

実際、僕の潜在意識も同様だった。第三者的な立場からのアプローチはユニークであり、そこにこそ僕の生きる道があるのではないかと考えていた。

僕は2008年から英フィナンシャル・タイムズの中国語版でレギュラーコラムを書かせていただいてきたが、そのコラム名は《第三眼》、英語でいうとThe Third Perspective。「一人の日本人が、イギリスの媒体で、中国語で発信をする」という新しい試みを同紙の編集長がプッシュしてくれた。僕の中には〝第三者〟、〝第三の眼〟、〝第三の道〟といった、〝三〟を意識したアプローチを重視する傾向が生まれていった。往々にして社会で軽視され、決して多数派ではない、グレーな色をした第三者的なものの中に、複雑にねじれ、矛盾と共に変わりゆく世の中と対話をしていく上で不可欠な何かが隠されている、そう考えたからだ。日本人として、中国からアメリカへ、というアプローチを選択したのにはもうひとつ理由がある。

中国は現在最も注目されているライジングスターである。アメリカはソ連が崩壊して以来唯一の超大国として、〝世界の警察〟として君臨している。一方の日本はバブル崩壊後、いまだに〝失われた20年〟から抜け出したような、抜け出しきれていないような雰囲気の中で、未来の針路を模索しているかのようにみえる。

僕は直感的に思った。

「何はともあれ、日本がアメリカのように世界的な超大国に成りあがることは物理的にあり得ないわけだし、今の時代、中国の台頭に比べれば、日本の国力や存在感は相対的に衰退していく。アメリカは中国との関係を最も重視しており、日本との同盟関係はある意味対中戦略の一環でしかない。そう考えれば、日本は中国との関係を上手にマネージする、あるいは中国に対する理解や戦略を深化させることによって、初めて同盟国であるアメリカにその存在価値を承認され、且つアジア太平洋地域においてその重要性と付加価値を高めていけるのではないか」

誤解を恐れずに言えば、現在衰退のプロセスにあるかのように見える日本に生まれ育った僕は、現在いろんな問題を抱えつつも急速に台頭する中国で蓄積した経験値を持って渡米し、アメリカという地でその存在価値を発揮しようとした。言い換えれば、日本人というだけで渡米しても、今となっては（日本が高度成長期にあった頃とは違って）注目されない。アメリカの戦略家やエリート学生たちの関心は、残念ながら日本の政治や経済、外交や社会にはない（アニメや漫画はいまだに高い人気と評価を誇っている）。良くも悪くも、注目されていて、解読や交流の必要性が認識されているのは中国だ。

だからこそ、僕は中国、あるいは中国での経験値を〝踏み台〟にしようと試みた。しかも、僕は中国人ではない。別に中国に媚びを売る必要はないし、中国の国益を代弁する必要もない。中国共産党に代わってハーバードのキャンパス内でプロパガンダを展開する必要もない（実際多くのハーバードで学ぶ中国人学生は、中国の国益やプロパガンダを主張する役割を果たしていた）。

しかも、歴史や文化的に中国と密接で特別な関係にある日本人だ。アメリカ人には望みようがない対中国・中国人理解ができるのはごく自然なことである。ハーバードの先生や同僚、学生たちにもしばしば冗談半分にからかわれる。

「私たちは別に加藤さんに日本に関するディスカッションを期待しているわけじゃない。加藤さんが中国で共産党や知識人、何より生の中国人の間を直接渡り歩いてきた経験と知識に期待している。逆に言えば、中国というファクターを伴わない加藤さんにあまり価値はない。ただ、加藤さんが中国人ではないという点は重要であるし、アメリカの同盟国であり、中国と非常に近い位置にある日本人であるという点はユニークだ」(ハーバード大学東アジア問題専門家)

「仮に加藤さんが中国に行かなかったら、ハーバードには来られなかっただろうね」(ハーバード大学中国メディア研究者)

「加藤さんの真の価値は中国をこれだけ知っていて、中国人とこれだけ深い付き合いがあるにもかかわらず、中国人ではないという事実だ」(ハーバード大学中国問題専門家)

日本人として、これらのコメントに喜んでいいのかは分からないが、何はともあれ、加藤嘉一という海の物とも山の物ともつかない人間を受け入れてくれたハーバード大学の関係者たちの認識はこのようなものである。

僕は嫌な思いなんてしていない。むしろこちらの戦略を分かってくれたことに清々しい気持ちでいる。

最近日本で散見される漠然とした反中感情や、中国に対する反抗心を眺める度に思うことがある。

「嫌いになったり、反抗するよりも、生産的でお国のためになるやり方があるのではないか?

愛国者になりたいのであれば、中国人に届きもしない超ドメスティックな批判を日本語のみでするよりも、実際の行動で国際舞台で愛国心を表現するほうがよほど効率的だし、公正ではないか？」

僕から見て、中国の国力や影響力、重要性や存在感は過大評価されている。実際の中国は国内にあらゆる問題を抱えているし、現実問題現体制がどこまで持つか分からない。一方の日本は、中国の表面的存在感がデカすぎるために、その潜在的価値が過小評価されがちである。この不均衡は、アジア太平洋地域の平和と繁栄という観点からすれば、あまりよろしくない。だったら、日本人は過大評価されている中国を利用すればいいじゃないか。そんな中国を踏み台にして、日本が最もその存在感や付加価値を認めて欲しいアメリカにアピールすればいいじゃないか。

いま世界が最も知りたがっている人物は習近平だ。習近平という中国の、中国共産党のリーダーが何を考えているか、彼が中国を何処に持っていこうとしているか、彼がこの世界をどう変えようとしているか。それが解析できればノーベル平和賞ものの功績であろう。

僕は以前にもどこかで主張したことがあるが、日本人は「中国人研究」という分野を開拓し、この点で国際的発言力を強化すべきだと考える。特に対アメリカ社会においてはそうだ。僕の知る限り、アメリカのインテリゲンチャは戦略レベルにおける対中政策を設計することには長けているが、実際にどこまで中国人の歴史観や政治観、世界観や価値観を理解した上で戦略設計をしているのかは甚だ疑問である。要するに、アメリカ人は中国人を知らない。

だからこそ日本人にチャンスが回ってくるのではないか。日本人が対中国人研究で、アメリカ人が対中国戦略で、それぞれの長所を出し合って、世界の平和と繁栄に寄与するような対中政策を同盟国として行使していくことだ。

ちょっと話が大きくなりすぎてしまったが、少なくとも僕はこのような問題意識に立脚して、中国からアメリカを目指した。日本人として、中国からアメリカという順路を取ることの意義はそこにあると考えた。国際社会における日本の生存空間、そして日本社会における加藤嘉一の存在価値は〝そこ〟にしか見いだせないと判断したからだ。この判断が正しいかどうかは今の段階ではわからない。国際社会における日本の生存空間をジャッジする資格など僕にはない。

そして、日本社会における加藤嘉一の存在価値に関しては、僕が亡くなってから、歴史が判断してくれればいいと思っている。それが本望であり、僕が行き着いたささやかな境地でもある。

愛国主義と個人主義の絶妙なバランス

中国からアメリカへ渡る過程で、僕は出来る限り両国社会を比較してみようと心がけた。米中社会に比較性があるのか、どのくらいあるのかも含めてゼロからの試行錯誤が続いた。僕の中では、アメリカ社会の制度文化という観点から、中国社会が有機的に輸入するというか、吸収できる分野はないものか。そんな問題意識をもってアメリカ社会はどのように回っているか、その過程で自由民主主義や法の支配、個人主義といったファクターがどう連動しているかなどを見つめた。

中国をより深く知るために、アメリカを知る必要があると思った。

最も印象的だったことは、アメリカ社会では愛国主義と個人主義が高度に、且つ有機的に融合していることだ。

アメリカでは街の至る所に国旗が掲げられている。国旗が市民社会に完全に溶け込んでいる。国民は国歌斉唱する際には真剣な表情で、手を胸に当て、祖国に思いを捧げる。子供から大人まで、典型的なアメリカンから移民してきた〝外国人〟まで。以前ボストンのフェンウェイパークで、レッドソックスVSヤンキースの試合を観戦したことがあるが、試合開始前の国歌斉唱では選手や観客が自然に立ち上がり、動きを止め、静かに、厳かに、祖国に対する愛を表現していた。

一方で、アメリカ国民は自由や人権を徹底的に死守しようとする。仮に国家がそれらを奪おうとしようものなら徹底抗戦する。国家は自由の敵になる。アメリカ人にとってプライバシーは命そのものであり、何人たりともそれを侵すことは許されない。以前ハーバード大学の同僚がこんなことを言っていた。

「アメリカンドリームという言葉があるでしょう。ここアメリカにおいて、ドリームとは大統領や政府が提供するものではありません。国家はあくまでも自由や民主主義、人権や公平性といったものを制度的に守ることに徹するのです。そして、夢や生き方はアメリカ人一人ひとりが、自分で創るのです。アメリカンドリームとはアメリカの徹底した個人主義（individualism）に立脚しているのです」

非常に勉強になった。と同時に、国家を凌駕するくらい強大な権力を持つ習近平総書記率いる共産党指導部が勝手にチャイニーズ・ドリームを定義し、プロパガンダしている中国はまだまだアメリカには及ばないと感じたものだ。そもそも、国民一人ひとりの夢や生き方なんて、政府の指導者が定義したり、押し付けたりするものではない。国家やリーダーはステップバックして、あくまでも国民一人ひとりが、公平で透明性のあるルールの下、のびのびと自由自在に自己表現できて、且つ失敗を許容できる弾力性のある社会の枠組みを作り、支えるミッションに徹すること。言い換えれば、自信に満ちた国家が自らのミッションを明確に限定し、ステップバックすればするほど国民は国家に信頼されていると感じ、国家を愛するようになり、そんな国民は個人主義を存分に発揮して、そんな素晴らしいお国のために努力しようとする。まさに有機的な関係であり、愛国主義と個人主義の融合がもたらした理想的な国民国家の在り方だと僕は感じたものだ。

そして、残念ながら中国にはこのような融合は見られない。社会主義市場経済という名の体制の下、国民は国旗を見たり国歌を聞いたりすればシニカルに嘲笑するかのように振る舞う。国旗や国歌に対して真の愛情を注いでいるようには決して見えない。自由や人権が保障されておらず、すべての領域において政治の論理が優先される。言い換えれば、共産党の権益が重んじられ、人民の基本的人権は後回しにされる。共産党のサバイバルのためには人民は我慢するように強いられる。

要するに、昨今の中国社会では愛国主義も個人主義も軽視されているということだ。アメリカのように、両者が高度に、有機的に融合することによって、国民と国家双方の安定と繁栄を担保していくような制度や価値観は確立されていないし、そのような局面を迎えることは夢のまた夢かもしれない。国民は共産党が提供する法律やルールを信用していないし、共産党も人民を抑圧の対象としか捉えていない。「メシを食わせてやるからおとなしくしていろ」ということだ。

アメリカ社会は自由民主主義を制度的に採用しているがゆえに、何をするにも、何を決定するにも時間とプロセスを要する。僕も日々ボストンの街をランニングしていて感じるが、鉄道や道路を修理したりするにも半年とか1年とかかかったりしている。「中国だったら一週間だな」なんて想像しながら。

一方の中国は開発独裁と言われるだけあってとにかくスピーディだ。網目のように整備されていく高速鉄道がいい例だ。共産党が政治的に決定したことであれば、誰も逆らえないし、大規模に、迅速に建設するほうが業績やお金儲けにもつながるから、とにかく速い。人民の許可を得る必要がないことも関係している。

短期的に見れば、インフラ建設から経済成長まで、資源を戦略的に投入し、集中的に展開できる中国のほうがダイナミックだろう。人々も成長の息吹を感じて、ノリノリの気分で日々を過ごすに違いない。しかし、速すぎる成長に人民の意思や精神がついてきているのかと言われると首を傾げざるを得ない。格差の拡大や環境汚染、国家経済の拡張に比べて遅延する国民所得の向上、進まない社会保障制度、機会均等には程遠い戸籍制度、「頑張った人間が報われる」という論理が制度的に保障されない人治とコネの社会、富んだ人間が移民を選択するほど人民に嫌われる国家、一向に定着しない法治主義、共産党の方針に逆らったら牢屋に打《ぶ》ち込《こ》まれてしまう政治環境……。

国家は発展しても、そこには人間の血が通っていない。

持続可能ではないし、脆く、国家のパフォーマンスが悪化すれば、メシを食うに困った人民たちが、暴力で共産党を権力の頂上から引きずり下ろすべく立ち上がるかもしれない。実際に、中国の歴史上幾度となく発生してきた現象である。

一方のアメリカ。

民主主義政治だけにプロセスはゆっくりだ。何をするにも時間がかかる。個人主義に立脚しているだけに、様々な人間の様々な主張を受け入れなければならない。すべてがゆっくりだし、インフラなんかはうんざりするくらい遅れているが、それでも世界中の人々がアメリカの教育を受けるために集まってくる。世界中からアメリカンシティズンになりたい人間が移民としてやってくる。アメリカこそが自らのポテンシャルを最大限に発揮する上で最も適した場所であると考えるからだろう。アメリカに行きさえすれば成長できる、幸せになれるという夢を持てるからだろう。

アメリカには世界中から優秀な人材を受け入れる受け皿が用意されている。優秀な人間からお国を捨て、移民を企てる中国とは真逆である。だからこそ、アメリカ社会は持続可能で、常にフレッシュで、自浄能力に長けている。そして、自由民主主義という制度的価値観はアメリカンシティズンに祖国を愛させ、そんな祖国の為に一生懸命働き、自分なりのアメリカンドリームを追求する気にさせる。

アメリカの魅力は永久に不滅。そこまで言ったら、少し言いすぎだろうか。

第12章

ハーバードでの情報戦の日々

「加藤さん、あなたはこれまで中国で死闘を繰り広げてこられた。あなたの苦労は容易に想像がつきます。ハーバードでは中国、そしてそこにまつわる政治を忘れてしまいなさい。アメリカ社会の理解に努めるといいです。リラックスして、ハーバードライフを楽しんでください」

ハーバードに到着して1週間が経った頃、僕がハーバードの著名教授に挨拶に伺うと、先方はこのようにおっしゃった。

僕は中国からアメリカへ来るに当たり、おおまかに三つのテーマというか、自分なりに課したミッションを持っていた。

①アメリカ社会・アメリカ人を知ること。
②アメリカが中国をどう見ているかを探ること。
③米中の狭間で日本は何をすべきか、を考えること。

そのために、

①可能な限りアメリカ人コミュニティに参加し、アメリカ人とコミュニケーションを取り、時間さえあれば、ボストン近郊はもちろん、アメリカ国内を旅すること。

②アメリカで中国や東アジア問題を専門にする研究者や政策立案者たちに話を伺うこと。

③できるだけ静かな環境で、心を落ち着けて、日本の未来を考えること。

の三つを実践しようと心に決めていた。

実際、僕がハーバードに来る過程でお世話になった日米中における人生の先輩方たちからは、ほぼ一様に「加藤さんはこれまで中国にどっぷり浸かり過ぎたから、中国は一旦脇において、ハーバードではアメリカ理解に努めるといい」というアドバイスをいただいた。

僕が中国からアメリカを目指した理由は前章で述べたとおりだが、アメリカという僕にとっては未知の地に足を踏み入れる機会を得た事実に心が踊ったと同時に、一方では正直中国を忘れることはできなかった。それよりも、場所を変えて、異なる視点で中国を、中国人を眺められる喜びというか、興奮に襲われた。

もっと言えば、アメリカ社会を理解するモチベーションも、中国社会をより深く掘り下げるための比較対象という意味合いが僕の中では支配的だった。もちろん、世界で最も先進的で、世界中から移民が集まってくる、自由と民主主義を謳歌するアメリカという歴史の浅い超大国そのものへの興味は尽きなかったが、僕は欲張りだから、どうしても、アメリカすらも中国を理解するための鏡として捉える姿勢から抜け出すことが困難だった。

『ジャパン・アズ・ナンバーワン』、『鄧小平時代』の著者で、日本語と中国語の両言語を流暢に操る東アジア問題専門家エズラ・ヴォーゲル教授からは「Forget about China!」と冗談半分に忠告され、所属していたケネディスクール（公共政策大学院）で「アメリカ政治や大統領制度などに関する授業を聴講したらいい」と、アドバイスをいただいた。

ヴォーゲル教授は〝ヴォーゲル塾〟という日本の内政、外政、経済問題などを議論するプラットフォームを、ボストン地域で学ぶ日本人留学生に提供されていた。塾内は、世代や国境を越えて日本問題を考えていこうという気概に満ちていた。ハーバード大学やタフツ大学フレッチャースクールで学ぶ日本人留学生は、皆アメリカ人として日本問題に関心を持ち続け、頻りにアドバイスを下さるヴォーゲル教授を敬愛していた。

僕も〝ヴォーゲル塾〟を通じて知り合った同胞たちと日本の現状や未来に関して不断の議論を続けた。特に政府官僚として霞ヶ関から留学に来ている同世代（少し上の先輩も含めて）とは議論を通じた親交を深めることが出来た。酒を飲みながら朝まで〝国家大事〟を語り続けた。ハーバードで築いた同胞の人脈は、僕にとって生涯の財産となった。まさに③の観点から、ハーバードに来た最大の収穫のひとつと言っても過言ではない。みんなに感謝すると同時に、今後の健闘を誓い合いたい。ありがとう。そして、がんばろう。

僕からしてみれば、ヴォーゲル教授はアメリカ人として日本語と中国語に向き合い、日米中関係を研究、発信されてきた大先輩である。僕も日本人として中国語と英語に向き合い、日米中関係の研究と発信に献身したいと思っている。中国問題や日中関係をめぐる同教授との対話から、僕は多くを学ばせていただいた。

2012~2014年という期間は、日中関係にとって試練の時期となったが、ヴォーゲル教授は日中関係改善のために尽力されていた。日中双方に向けて相互に歩み寄ることと、能動的に関係を改善することの重要性と切迫性を説かれていた。それも日本語と中国語による発信を通じてである。特に持続可能な日中対話のための〝パイプ作り〟の必要性を強調されていたのが印象的だった。

だったらお前がやれ!

2012年8月から2013年7月まで、僕はケネディスクールで米中関係の研究に勤しむつもりで事前準備をしていた。というのも、2012年11月には米国と中国で政権交代が予定されており、米中関係はタイムリーにも重要な時期を迎えていた。米中で政権交代が同時に起こる過程で、世界で最も重要と言われる米中関係はどのように進行するのかをひとつのケーススタディとして扱いたかった。

- 政治的リーダーシップを発揮しながら安定を保つのか？
- 政治の空気が変わる中、リーダーが対外強硬的になり、一時的にセンシティブになり、且つ不安定化するのか？
- そもそも何も起こらず、〝日常〟が続くだけなのか？

こういった問題を米中比較も含めて研究することが目的だった。

中国に民主選挙は存在せず、共産党一党支配の枠組みにおける、権力闘争に基づいた指導部の交代であり、政党政治という意味で民主主義を基盤とする米国との比較性はほぼない、と言っていいだろう。中国では予想通り習近平が総書記に、李克強が国務院総理に就任した。最高意思決定機関である政治局常務委員は9人から2人減って7人となった。中国では所謂〝薄《ボー》熙来《シーライ》事件〟が起きて間もない状況が続いており、権力闘争の激化や政情の不安定化が懸念されていた。

一方の米国ではオバマ大統領が無事勝利を収め、政権は2期目に突入した。

選挙当日、僕はケネディスクール内の大型テレビでハーバードの学生たちとその模様を観戦していたが、そこで目撃した光景は〝アメリカ理解〟という観点からは新鮮であった。

ハーバードはほとんどがDemocratsであり、オバマ大統領の再選を熱狂的に支持していたが、政治を見る眼というか、政治への意欲とコミットメントが半端ではなかったのだ。中国では感じ得なかった、シティズンの政治に対する〝熱気〟を感じたのである（中国ではシティズンの政治に対する〝皮肉〟が顕著だった）。

ケネディスクールの合言葉は、ケネディ大統領が残した格言「Ask What You Can Do」である。「国家があなたに何をしてくれるかではなく、あなたが国家のために何ができるのかを問うてみなさい」ということだ。

僕も日本のメディア「ダイヤモンド・オンライン」で「だったらお前がやれ!!」（略称DOY）という連載を行い、その後は対談によってDOY精神を掘り起こし、普及させる取り組みを続けている。「Ask What You Can Do」の日本語訳は〝だったらお前がやれ!!〟だと勝手に自己解釈しているが、ハーバードで学ぶ学生は〝私はこうなりたいんだ！　こうしたいんだ！〟という自己意識が明確で、自己主張が強かった。キャンパス内における議論でも、ただ待っていたら永遠に発言のチャンスなど回ってこない。自分から手を挙げて、場合によっては他人の発言権を奪いに行かないと自らの考えを他者に伝えることはできない。

日本ではどちらかと言うと自己主張が強いと言われ、叩かれやすい僕であるが、ハーバードに来たら「あっ、加藤さんいたの？」みたいな存在へと化してしまうほどだった。それだけ周りの学生は議論に対して貪欲で、アグレッシブだったのだ。

場面を再びケネディスクールに移そう。

一つひとつの選挙区が民主党の勝利で埋まっていく度に歓声が上がり、人々はハイタッチを し、抱き合い、オバマ大統領の再選が確実になると、みんな立ち上がって、スタンディングオベーションが始まった。

「USA! USA! USA! USA! USA!……」

アメリカ人だけでなく、海外からの学生も一緒になってUSAコールに染まっていた。みんなでリズムを合わせて、勝利を分かち合って、政治にコミットしていた。ただ選挙に行くだけが政治に対するコミットメントではないのだ。自らが身を置き、活動する地盤で、断固たる問題意識と行動規範に従って、現在、あるいは将来的に政治のアジェンダを左右する機会にとことんかかわっていくこと。〝国民が政治をやる〟ことのファーストステップはそこなのだ。日常生活の中で政治参加していく意思と行動力を持った人間、それこそが〝フェローシティズン〟なのであり、その意味でアメリカこそが真の〝政治大国〟なのだと思い知らされた。

米国の知識人や世論が中国を、中国共産党を、中国政治をどのように認識しているかを知るために、僕は毎日ケネディスクールの図書館に通い詰め、「ニューヨーク・タイムズ」、「ワシントン・ポスト」、「ウォール・ストリート・ジャーナル」の3紙を読み漁った。

そもそも中国に関するニュースがどの程度取り上げられているのか、批判的なのか、迎合的なのか、あるいは感情や立場をも排して、〝客観的〟にストレートニュースを伝えるのか。継続的にウォッチする必要があった。

腰を据えて、静かに、ハーバードのアカデミズムにどっぷり使って、学術討論や研究のための取材以外は極力人に会ったり、会食に参加したりせず、内なる世界に入り込もう。僕はそういうコンディションでハーバードでの生活を始めた。

「中国の時と同じ生活では意味が無い。成長しない」

という意識というか、危機感が僕の心のなかを覆っていた。

尖閣諸島問題勃発

神様が僕にいたずらを始める。

ハーバードでの研究生活が始まって1週間も経たないうちに、日本政府が尖閣諸島を〝国有化〟し、中国政府がそれに対して猛反発し、日中国交正常化以来最大規模の反日デモが中国全土100以上の都市で吹き荒れたのだ。ハーバードに到着して間もない時期、荷物の整理すらまともにできていない状況の中、僕は〝尖閣危機と日中関係〟という論争の渦に巻き込まれることになる。

これまで日中関係の狭間で生きてきた人間として、日中交流に〝個人〟という立場からコミットメントしてきた人間として、眼の前で起こっている〝日中尖閣危機〟という名のディスカッションに関心を示さず、のんきに米中関係を研究しているわけにはいかない状況に直面することになったのである。

〝南京事件〟からあまり日数が経っていないこともあって、僕を心配してくれる中国の友人たちからのメールが次々に届いた。

「加藤さん、中国にいなくてよかったなあ。この状況で北京にいたら加藤さん殺されるかもしれない」

「世論は〝加藤嘉一出てこい！〟と盛り上がっているよ。加藤さんはアメリカに逃げた卑怯者だという罵声も上がっている」

「加藤さんは〝尖閣諸島は日本の領土〟という立場を公言し、その理由を述べられていたけれども、この過去の発言が問題となって、〝加藤嘉一を二度と中国に入れるな〟みたいな声が高まっている」

「〝日本政府のスパイである加藤嘉一が尖閣諸島の国有化を仕掛け、当の本人は安全確保のために帝国主義の発祥地・アメリカに逃亡した〟なんていう見方も広がっている」

日中関係が悪化すれば、僕への風当たりは当然強くなる。もう慣れていることであるし、運命だと思っているから特に気にはしなかったが、アメリカに来てまで膨張する中国世論に向き合わなければいけない現実に対して、疲労感を覚えなかったといえば嘘になる。

アメリカのメディアやハーバード大学内では「日本と中国はなぜ尖閣諸島などという無人島をめぐってそんなに揉めているんだ？　日中関係全体が悪化し、国民同士が憎みあい、地域情勢を不安定にするほどの価値のある問題なのか？」といった雰囲気が充満していた。僕も日中交流に関わってきた人間として、たくさんの〝取材〟を受けたし、プレゼンも行った。ボストンだけでなく、シカゴ、ニューヨーク、ワシントンなどに赴いては、現地の知識人や政策関係者たちと意見交換を行った。

日中が〝領土問題〟をめぐって攻防を繰り広げていて、両国関係が急激に悪化していることをアメリカの上記主要3紙は頻繁に伝えていた。日中関係に関心が集まっていく温度を僕は感じていたし、それ自体は〝いいこと〟だと思っていた。

実際、〝尖閣危機〟は長期化している。2014年になっても危機的状況から抜け出せていない。一触即発のせめぎ合いが続いている一方、危機管理メカニズムの構築は思うように進んでいない。米国世論が〝尖閣危機と日中関係〟をどう報じているか、米国は緊張が続く日中関係をどうコーディネートしていくのか、というテーマそのものもまだ終わっていない。僕自身の考察も続いている。

2012年9月から1ヵ月くらい、集中的に米国メディアの報道を追いかけながら、またハーバードの教授やハーバードにやってくる学者や政策立案者と議論をしながら、アメリカ人の見方・発言で印象深かったポイントが三つある。

①日中両国は無益な争いを止め、事態の鎮静化に務めるべきというスタンスで論じていたこと。
②反日デモの大規模な勃発の背景には、中国社会で蓄積した矛盾が爆発した背景があることを随所で指摘していたこと。
③日本はなぜ中国との関係悪化は百も承知で〝国有化〟(Nationalization)という措置を取ったのかという疑問を抱いていたこと。

僕がハーバードのキャンパス内で議論を積み重ねる過程で、アメリカの知識人はなぜこのような問題意識を抱くのかという背景に迫った。

僕からしてみれば、アメリカの戦略家(僕の理解では、〝戦略家〟とは、政策立案者、研究者に関係なく、アメリカの国家戦略という見地からテーマを設定し、分析を加え、実際の政策決定プロセスに知的に関与し、余力があればパブリックに対しても言論発信している人たちを指す。米国では政策立案者と研究者間のインタラクションが緊密で、ボストンの研究者が一定期間ワシントンで政策に直接携わったり、ワシントンの政策立案者が任務終了後ボストンに来て研究に従事したりという状況は日常茶飯事であった)たちが台頭の行末が不透明な中国をどう見ているか、同盟国である日本に何を期待しているか、というハーバードで実践したかったトピックを追いかける機会になった。

〝日中尖閣危機〟をケーススタディに、アメリカの戦略家が東アジア情勢をどう認識しているのか、日米中関係をどうマネージしようとしているのか、を理解しようと気持ちを切り替えた。太平洋の向こう側で起きている〝尖閣危機〟を、アメリカという大地から観察できることなどめったにないわけだし、貴重な機会だと捉えるようにした。

日本に対する不信感・警戒感の中で

ウォッチを続けていくと①、②、③それぞれに確かな背景があることに気づくようになった。

①オバマ大統領がアジア回帰政策（リバランシング）を掲げるなか、日中が〝領土紛争〟を通じてナショナリズムをまき散らし、アジア太平洋地域を不安定化させることで、米国が紛争に巻き込まれることを懸念しているから（僕自身は、この〝巻き込まないでくれ〟という切望の背後に、国内問題やアラブ中東問題などに忙殺され、アジア問題に十分なリソースを投入できないオバマ政権の甘えと怠惰を垣間見た）。

②日中関係を含めた中国の対外政策が強硬になるのは、独裁的で、権力闘争に満ちた共産党政治が蔓延っているから（米国メディアは、反日デモの現場に毛沢東の肖像画が持ち込まれて

いた点を、知識人は国内政治の保守派と対外政策の強硬派が裏でつながっている点を指摘していた）。

③米国にとってもっとも重要なのは中国との関係であり、米中関係が戦略的に連動しているなか、同盟国である日本が中国を挑発したり、喧嘩したり、対中関係を悪化させてもらっては迷惑だから（領土と歴史。この二つの問題に関して、米国の戦略家たちは、中国との関係を悪化させる日本に対して相当フラストレーションを感じていた。ただ、この二つの問題は米国の対アジア政策史とも深く関係しているわけで、米国がAsk What You Can Doというケネディ大統領のメッセージを忘れて、ただ傍観者、批判者として〝日本よ、しっかりしなさい〟という具合に振る舞うのは責任感と当事者意識に欠けるのではないかと疑問に思った）。

「現在起こっている尖閣危機は、日本政府の国有化によって起こされたものだ」

「トラブルメーカーは現状を変更した日本であり、中国はむしろ被害者だ」

「中国政府は暴力を伴った違法な反日運動を止めるべきだが、問題に火を付けた日本側が率先して中国側に歩み寄らなければならない」

メディアの報道ぶりやハーバード教授の語りぶりから、このようなトーンを顕著に感じた。同盟国アメリカが日本に対する不信感と警戒心を強めていたのである。

中国共産党は「日本は国有化を撤回せよ」と抗議を続けていた。日本に対する強烈な批判だけでなく、国際世論に中国の立場をアピールすべく、全世界の在外公館を総動員させ、企業家や留学生も巻き込みながら日本を叩いたのだ。言うまでもなく、ハーバード大学で学んでいた中国人学生たちも、議論が尖閣問題に及ぶ度に、一致団結して集団的に日本を批判した。

中国が国家総動員体制で仕掛ける攻勢に、アメリカの世論や知識階級も少なからず影響を受けていたと僕には感じられた。

〝国有化撤回〟を主張するような人はほとんどいなかったが、それでも、戦略家たちは「危機の発生に火をつけたのは日本。我が国の同盟国としてまずいことをしてくれた。とても迷惑だ」という感じで、日本政府を冷ややかに見ていたし、僕に対しても「なぜ日本政府は国有化する必要があったのだ？　そんなことをすれば中国が怒り、ただでさえ不安定な日中関係は更に悪化してしまうではないか」とフラストレーションを爆発させて、日本政府が国有化した意図や、日本国として中国とどう付き合っていくのか、という問題をしきりに聞いてきた。

アメリカの戦略家たちと議論する過程で、日本の政策の意図、すなわち「なぜ国有化したのか？」が明確に伝わっていないと僕は感じた。

そもそも、①近年尖閣諸島付近で中国の挑発的、拡張的な動きが増長していたこと。②同年4月、前東京都知事の石原慎太郎氏がワシントンで〝尖閣購入〟の意思を表明した経緯があり、一地方自治体によって購入されるよりは、外交の主体である国家によって管理したほうが安定的であろうと日本政府が判断し、石原氏とも話をつけたこと。③1972年、尖閣諸島の管轄権が米国から日本へと移譲されてからというもの、日本は同地域を実効支配しつつも、中国側と綿密な対話と協調を通じて情勢の鎮静化に努め、自制的な領土政策を取ってきたこと、……などに関する基本的理解が欠けていた。こういう状況に不満を露わにする日本人留学生（特に霞ヶ関から留学に来ていた官僚たちは不満そうだった）も少なからずいた。

アメリカの戦略家の対日理解が不十分であることを責めるのは簡単だが、それでは問題解決にならない。

〝だったらお前がやれ!!〟という僕の行動規範でもあるDOY精神に則って、そんな逆境を前に日本人サイドにできることはないのか？　誤解される過程を、ただ指をくわえて見ていろというのか？　主導権を握って、劣勢を逆転するような手立てはないのか？　日本人自身が立ち上がり、自らアメリカの戦略家たちに情報発信、問題提起、ソリューションの提示をしていかなければならないのではないか？

僕自身、中国の言論市場において中国語で発信してきた経験を元に、米国でも自分にできる発信をしていこうと気持ちを切り替えた。

〝気持ちを切り替えた〟と書いたのには理由がある。前述したように、ハーバードではあまり表に出ずに、アウトプットは極力控え、政治的になりやすい政策論争には極力参加せず、冷静にインプットをする心構えでいたからだ。中国でかなりアウトプット重視型になっていたことに対するアンチテーゼでもあった。一つのこと（僕にとってはたとえば中国研究&発信）を長く続けるためには、インプットとアウトプットのバランスを心がけなければならない。中国では2対8くらいだったという感覚。米国では8対2にしようと考えた。本能で動くのではなくて、制御するつもりで。

義理人情では動かないアメリカ

ハーバード大学の中にも、日本の国内事情や重要性を理解した上で、相互理解・相互依存という視角から議論を展開する学者がいたのも事実だ。

エズラ・ヴォーゲル教授は日中が互いに自制して、これを機にもう一度対話のパイプ作りに励むことを訴えていたし、日中双方の政策立案者や知識人たちに直接対話の重要性を促してもいた。

カーター、クリントン政権で国務次官補を歴任し、〝ソフトパワー〟の産みの親でもあるジョセフ・ナイ教授は、日本政府が〝国有化〟したことは状況的に止むを得なかったと日本政府の政策に理解を示しつつ、中国の拡張的行為にも警戒しつつ、その上で相互対話の重要性を訴えていた。一時は「次期日本大使か？」とも騒がれたことのあるナイ教授は、日米同盟の重要性、及びそれがどう中国の台頭にアダプトしていくかという問題の切迫性を随所で訴えてもいた。

日本政府による尖閣国有化から1年が経とうとしていた2013年9月10日、ナイ教授がハーバード大学内で講演した。テーマは「U.S strategy toward China and Japan」（アメリカの日本と中国への戦略）。

僕も講演の現場に駆けつけた。

ナイ教授は、尖閣危機に直面する日中両国に対して、

- 尖閣諸島は日米安保条約の管轄内にあること。
- 尖閣危機が発生する過程で何らかのコミュニケーションの問題があったこと。
- ナショナリズムが膨脹するなかで起きた尖閣危機は、世界経済にも深刻な影響を及ぼすこと。

の3点に言及し、その将来的な発展の方向性が不透明な中国に対して、アメリカは「Integrate but hedge」で対応すべきだと指摘した。「中国が責任ある大国としてグローバルスタンダードに則った世界経済にコミットできるよう働きかける一方で、その体制や国情に内包される不確実性はヘッジする必要がある」という意味である。そして、「Integrate but hedge」していく過程で、「日米同盟は鍵となる役割を果たすべきだ」という従来からの見解を披露していた。

僕自身は、2012年9月から、尖閣危機と日中関係に関する議論が熱く続いた1年後の2013年9月頃まで、「尖閣危機はなぜ起きたのか？」について、一貫して四つの理由・背景を取り上げて説明した。

①現状認識をめぐる情報格差と非対称性→中長期的課題
②外交コミュニケーション・インテリジェンスの問題→短期的課題
③日中ガバナンス力低下の同時的発生とナショナリズム（民族主義）&ポピュリズム（迎合主義）の同時的横行→中期的課題
④東アジアにおけるパワーバランスの歴史的変化→長期的課題

日中関係にとって、短・中・長期的な課題であるこれら四つのファクターが複雑に絡み合う中で、尖閣問題を通じてクライシスが表面化していったことを繰り返し論じた。「このクライシスは起きるべくして起きた。構造的であるがゆえに、長期化する。当事者である日中も、そしてここ米国も事態の鎮静化に積極的にコミットしていかなければならない」という点を訴え続けた。

〝尖閣危機〟は今後の日中関係を考える上で、極めて重要なひとつのケーススタディになるというポイントも主張した。「尖閣国有化1年」の時期に入ると、日中双方が課題として迅速に認識、かつ強化しなければならないポイントを四つ挙げた。

①外交コミュニケーション&インテリジェンスの見直しとパイプラインの強化

②国益&戦略ベースで外交を展開するための政治力&ガバナンス力の強化

③尖閣諸島をめぐる〝事実関係〟と〝情勢変化〟を両国政府が自国民に説明した上でのコミュニケーション&相互理解の強化

④危機をエスカレートさせないための、政治的リーダーシップをバックボーンにした危機管理体制の強化（特に防衛当局間のホットライン）

（拙文：《日中問題は全国民にとっての「世紀の宿題」〝尖閣危機〟から日本人が学ぶべき4つの教訓》、ダイヤモンド・オンライン、2013年10月2日参照）

アメリカ人戦略家たちは僕の〝四つのポイント〟を大方「make sense」だと言ってくれたし、「なるほど、そういうことだったのか」と耳を傾けてもらえた。それから、僕は必ずアメリカに対しても注文をつけるようにしていた。

「アメリカも尖閣問題で大きな責任を負っているんですよ。アメリカの〝obviously ambiguous policy〟（顕著なほどに曖昧な政策）が日中双方に不満を持たれ、情勢を不安定化させていることは否めない。〝日米安保条約は尖閣諸島に適用される〟という政策には中国が不満を持っているし、〝領有権に関してはポジションを取らない〟という政策には日本が不満を持っている。戦略上やむを得ず、現状からはこれ以上踏み込んだ立場は取れないのかもしれないが、少なくとも、アメリカ自身も尖閣危機の一端を担っているのだという認識を持っていただきたい。その上で、日中関係の改善に建設的な役割を果たして欲しい」

このように訴えると、ワシントンの政策立案者も、ニューヨークのストラテジストも、ボストンの研究者も、ほぼ100％「我々の政策は明白だ。曖昧なんかじゃない」と反論してきた。多くの人は「Senkaku Crisis? It's your own business」（尖閣危機？ そんなことはあなたがたの問題だ）と言って逃げてしまった。

「それは責任感に欠けるんじゃないか？」

こう突っ込んだこともあったが、あまり効果的ではなかった。

多くのアメリカ人と尖閣問題を議論しながら、少しだけアメリカ人の生き様というか、性格を垣間見た気がした。

彼ら・彼女らは、自らの利益になること、自らの戦略に符合すること以外に興味を示さない。傲慢で権威主義的であり、義理人情では決して動かない。もちろん、国益がかかっている外交を義理人情ベースで展開するのは間違っているし、アメリカは現在唯一の超大国であるわけだから、傲慢で権威主義的になるのも理解できる。

ただ、そんなアメリカ・アメリカ人とどう付き合い、政府間外交という意味ではどう同盟関係を構築していくか、知的交流という意味ではどう問題意識や現状認識を共有し、日本の戦略や立場を伝えていくか。僕が渡米前に予想していた以上に困難な宿題だと思った。

少なくとも僕にとっては、中国人と付き合い、中国人に伝えることのほうがよほどラクで、心地良い。中国からアメリカに来てみて、しみじみそう感じた。

日本人が戦略的に発信する必要性

僕自身、まだまだ知らないアメリカ人に対して、中国語ほど得意ではない英語で伝えなければいけなかったから、尖閣問題や日中関係についても日々勉強し、英語のプレゼンも訓練を重ねた。日本の政府関係者や学者、ジャーナリストたちにヒアリングを重ねて、可能な限り主観的にならないように心がけた。もちろん、僕とアメリカ人戦略家たちの交流の様子も日本の関係者にフィードバックし、双方向の交流と相互理解を少しでも促していくべく働きかけた。孤軍奮闘しても効果的ではないからだ。

発信には戦略だけでなく、仲間が要る。

ハーバードを拠点に、マサチューセッツ工科大学やタフツ大学フレッチャースクール、ブランダイス大学といったボストンエリアに位置する大学でも講演やプレゼンをさせていただいたが、つくづく感じたのは、ボストンという〝知的集積地〟が日本にとっての対外発信のプラットフォームとして如何に重要であるか、ということである。学術都市ボストンには世界中から政策決定者・立案者、学者、ジャーナリスト、企業家が集まってくる。ボストンという場所を〝発信の場〟として認識しているのだ。ボストンエリアに来れば、良質な知的空間で、良質な聴衆に対して、ピンポイント且つ効果的な発信ができると考えているのだ。このエリアで学ぶ世界各国から集結した学生も一流だ。自由で民主的な雰囲気の下、講演者と聴衆が互いの思想をフラットにぶつけ合うのだ。

ボストンエリアで知り合い、日々〝国家大事〟を議論し合った祖国の同胞たちとも、「日本はボストンを対外発信の戦略的拠点として活用すべきだ」という考えで一致した。なぜならば、尖閣問題や日中関係、米国の対外政策、東アジアの国際関係などを含めて、ボストンで行われている議論が政策や市場、世論に反映されるケースが少なくないからだ。世界中から各界のリーダーたちが集まっては発信をし、議論を繰り広げる環境だからこそ、世界政治経済システムの未来を形作るGlobal but Nationalisticな人材がダイナミックに言論発信をしている空間だからこそ、日本としても官民一体となってこの場で行われている議論にコミットしていく必要があると思う。

駐アメリカ合衆国の各国大使（日本、中国を含む）がハーバード・ケネディスクールで自国の外交政策をプレゼンしたり（司会は元国務次官のニコラス・バーンズ氏）、ミャンマーのアウン・サン・スー・チー女史が講演に来たり、１９８１年生まれという若さでオバマ大統領のスピーチライターをしていたジョン・ファヴロー氏がホワイトハウス〝退官〟直後に講演に来たり（モデレーターは米ＣＮＮ政治コメンテーターで、ニクソン、フォード、レーガン、クリントン政権時に大統領顧問として仕えたデビッド・ゴーゲン現ケネディスクール教授だった）。

２０１２年10月には、日本でも有名なマイケル・サンデル教授の講義を直接体験する機会も得た。ケネディスクールの Institute of Politics と英ＢＢＣによる共催で、テーマは「Who Built It? Is the American Dream of Individual Success a Myth?」（「個々の成功というアメリカンドリームは神話なのか？　一体誰が、何がそれを創っているのか」）だった。フットワーク軽く、ポケットに手を入れながら、常に何かを考えるように舞台を歩きまわり、学生たちに名前を聞き、相手の目を見つめながら、ゆっくりだが力強く語りかける姿には、日本人が天性として持たない独特の求心力と神秘性を感じた。

僕が関心を持ってきた〝米中関係と日本の針路〟という分野では、前述したエズラ・ヴォーゲル、ジョセフ・ナイ両〝知日派〟以外にも、ダニエル・ラッセル東アジア・太平洋担当国国務次官補、ジェームズ・スタインバーグ元国務副長官、ズビグネフ・ブレジンスキー元国家安全保障問題担当大統領補佐官などのプレゼンを間近で拝聴することができた。〝中国通〟で知られるオーストラリア元首相のケビン・ラッド氏がシニアフェローとして米中関係を研究しにきていた。僕も交流する機会を持ったが、「私は、いまは〝学者〟だ」と誇らしげに、リラックスして語っていた。

極端な表現をすれば、ハーバード大学のキャンパス内に居さえすれば、これら大物たちの見識や経験に触れることができるのだ。情報収集と知識吸収という意味では、ハーバード以上に人材が良質で、中身が濃厚で、且つ効率的な空間はないと思う。少なくとも、僕がこれまで経験したことのある空間には、ハーバード以上の〝知的集積地〟は存在しない。

だからこそ、多くの日本人もハーバードを情報収集と知識吸収の場と認識して、頻繁にやって来る。

でも、インプットだけでいいのだろうか。

これまで見てきたように、日本国の政治や外交、特に中国との関係をめぐる諸々の戦略や問題に関しては、かなりの度合で誤解されている。尖閣問題をめぐって、〝知日派〟と言われる学者たちに日本の発信を〝委託〟しているままでいいのだろうか。

めまぐるしい台頭を続ける中国にばかり関心が行き、日本は〝過去の人〟として扱われ、ジャパンはテーマにすらならず、ジャパニーズは〝あれ、いたの？〟みたいにスルーされがちなのが残念ながら現状だ。大学内のセミナーのテーマを俯瞰しても、中国関連が圧倒的に多く、日本のインパクトは影を潜めた感が否めない。ただ、〝尖閣危機〟が表面化して以降、日中関係、そしてアメリカの対アジア政策という視角から、日本の政策や役割にも注目が集まってきているのを僕はひしひしと感じていた。

中国が官民一体となって、アメリカの政府、議会、大学、メディア、世論、ビジネスなど、あらゆる分野で自国の立場や主張をプロパガンダしている光景を見てきた。実際に米国の各界関係者がかなりの程度で中国側の主張に耳を傾けたり、受け入れたりしている状況を見てきた。

このような状況下で、日本人が自ら発信していかないと、日本に対する誤解や不理解はドミノ現象で蔓延していくだろう。ジャパンイシューは議論の対象にすらならないだろう。自らの行動で存在感を示していかないと、日中関係や米中関係、東アジアの国際関係に関するパネルディスカッションが開かれても、日本人パネリストが一人もいないという事態にもなってしまう。日本としても、戦略的に発信していかなければ手遅れになる、という危機感を強くした。

中国の対外発信力は凄まじい。プロパガンダと言われようが、中国はオールチャイナで自国の〝核心的利益〟をわしづかみしようとしている。そして、学者やジャーナリストを含め、誤解を恐れずに言えば、〝中国に取り込まれている〟アメリカ人は相当いる。

日本としては、日本に取り込むとか、オールジャパンでプロパガンダに取り組むとかいうえげつない発信は成熟性に欠けるし、国民性にも合わない。中国に真正面からぶつかってはいけない。

日本は成熟した民度に立脚した、チームワークは重んじつつ、個々がそれぞれの分野で、事実に基づいて淡々と発信し、静かに議論を巻き起こしていくスタイルを取るべきだと僕は考える。

幸い、ボストンには日本国総領事館がある（中国はボストンに総領事館を持たない。ニューヨーク総領事館がボストンエリアをカバーしている）。ボストン総領事館がボストン在住日本人、あるいはボストンを訪れる日本人に〝対話のプラットフォーム〟を提供することもできる。束ねる、つるむ、という意味ではなく、あくまでも開かれたプラットフォームのなかで自由に交流するのだ。

政治家や役人、企業家や文化人、学者やジャーナリスト、純粋な学生、そして僕のような海の物とも山の物ともつかないような人間も含めて、たくさんの日本人がボストンエリアで学んでいる。ボストンにおける日本人コミュニティの流動性は、日本国内とは比べ物にならないくらい高い。人の出入りが激しいのだ。

ジャパンの存在感を生かすために、日本人同士で足の引っ張り合いをするのではなく、互いの問題意識や現状認識をシェアしつつ、それぞれがパーソナリティを生かして、自分の土俵で知的発信をしていく矜持がいまこそ求められている。

第13章

使命感と無用性の両立

いま、ボストン大学の近く、874コモンウェルスアベニューにあるスターバックスでこの原稿を書いている。

ボストンのスタバは、外観から店内の大きさ、店員のノリ、装飾まで多様性に富んでいる。一つひとつのスタバが異なる雰囲気を醸し出している。道を流れるボストニアンたちを眺めながら、店内に流れる、名前も知らないミュージックを聴きながら、初めて買ったMacBook Airに向き合いながら、僕はこうして文字を打っている。

朝7時に家を出た。ハーバード大学があるケンブリッジから僕が日々ランニングをしているチャールズ川を渡ると、ボストン大学エリアに入ってきた。BU（Boston University の通称&略称）は横に長い。チャールズ川に沿うように立地している。40分くらい歩いただろうか。道中、たくさんのランナーとすれ違った。僕はランナーがいる街が好きだ。ランナーたちが自然と街に溶け込んでいる街が好きだ。ボストンに来て、生まれて初めて、肩にチカラを入れることなく、変に競争心を持たず、ペースを気にせず、純粋に「走ること」と向き合えた気がしている。

僕にとって走ることは生きること。〝どう走るか〟が〝どう生きるか〟を左右する。少なくとも僕にとっては、それが真実だ。

走ることの意義と快楽が、競争だけではないのだと、ボストンが教えてくれた。教わるプロセスのなかで、〝生きること〟の意味をこれまでよりも少しだけ深く考えられた気がする。

この街に流れる空気とこの街に生きる人々のおかげだ。〝それ〟だけでも、ボストンに来た甲斐があったと、いまでは思っている。

ボストンに来てもうすぐ2年になろうとしている。僕も30歳になった。「もう30歳なのか」、「まだ30歳なのか」は、考えないことにした。そういう思考方式からの卒業が、成長を意味するのか、退化を意味するのかは、いまの僕にはまだ分からない。

とりあえず、それでいい。

人々はしばしば「時間が経つのは速いものです」と言う。僕には分からない。時間が経つのが速いと感じるか遅いと感じるかはその時の気分や環境次第だし、なにはともあれ、時間は客観的に、ただそこに流れる。僕たち人類の感情とは関係なく、３６５日、24時間、60分、60秒、そこにある。時の足音は止まらない。格差とか不公平とか、いろいろな問題が議論されるこんな世の中だけど、「時間」だけは世界中に生きるすべての人間にとって平等だ。おそらく「時間」だけだろう。弱肉強食の人類社会で100%の「平等性」を保持しているファクターは。だからこそ、そこにだけは能動的にコミットメントしたい。時に非効率であってもいい。時に浪費してしまっても、それはそれでかまわない。能動的であればそれでいい。

そして、たまに思うことがある。

時間を浪費することほど贅沢なものはない。

いま、ここ、わたし。もうすぐボストンを離れるというシチュエーションで、僕は最終章に向き合っている。自然体で書き下すつもりだ。ロジックとか説得力とかではなく、ただそこに心身を委ねる感じで。

ハーバードでの一番の収穫

昨日の午後、ケネディスクールを卒業したばかりの中国人学生(Wさん)と会って3時間ばかり語り合った。Wさんはハーバードに来る前、中国共産党組織のなかで働いていた。〝体制内〟にいた人物だ。

「党組織のなかで働くことは神経も使うし、感覚も麻痺する。自分がやっていることが正しいのかも分からなくなる。一度組織を出て、純粋に勉強したかった。でもいつまでも勉強していられない。もうすぐ現実の世界に戻らないといけない」

Wさんはこう嘆いた。彼も僕も、もうすぐボストンの地を離れる。

「静かで、アカデミックなリソースは集中していて、勉強するには最適な場所だよね。こんな時間と空間とは人生を通じてそうそう向き合えないだろう」

僕たちはハーバードでの日々を振り返りながら、そう同意しあった。

「ハーバードで一番の収穫はなんだった？」

僕はこう聞いた。

他者の収穫を知ることは、自らが主観的に信じ込んでいる収穫を相対化しながら整理する大事な作業だ。

「う〜ん。ありきたりかもしれないけど、世界中から集まってきた精鋭たちと議論をする機会を得られたこと。授業に出て、課題をこなして、アカデミックなイベントに参加する過程そのものが新鮮だったし、勉強になった。ハーバードでは知識がどう生産され、伝播されているのかを肌で感じることができた」

ありきたりな答えだが、それが本音なのだろうし、留学の醍醐味なのだろう。

「あっ、そういえば加藤さんが最近書いたハーバードの中国人学生に関するコラムを読んだよ。いろいろ考えさせられた」

僕が米ニューヨーク・タイムズ中国語版のコラムで扱った《私がハーバードで見た中国のエリート学生》（2014年6月17日掲載）のことだ。

ハーバードの大学院で中国政治などを専攻している中国人留学生は非常に優秀で、英語も上手、観察・分析能力にも長けている。しかし、彼ら・彼女らと中国問題を研究するアメリカ人教授とのやりとりを見ている限り、中国人留学生は不自然なほど消極的で、白人教授に遠慮しすぎているように見受けられる。礼儀やマナーを超えた、コンプレックスのようなものを感じる。教授の主張に対して全然突っ込まないし、日本人である僕と語り合うときの勢いや貪欲さに欠ける。博士論文や就職活動のこともあるから、教授たちに遠慮して反論しないのだろうか。戦略的に媚を売っているのだろうか。

議論のテーマは生きた中国政治だ。中国人留学生のほうがアメリカ人教授よりも〝現実〟に立脚した中国政治を議論できるはずなのに。一方の白人教授は、極めて優秀な中国人留学生たちが英語で情報を提供し、研究を手伝ってくれるから、非常に得をしている。自ら中国に赴いて、中国語で取材するよりも、ハーバードのキャンパス内に居座って、中国人留学生たちと議論するほうがよっぽど生産的だし、コスト削減にもなる。しかもハーバードに来る学生はそんなに玉石混交じゃない。まさにアメリカ人教授が最大の受益者だ。アンバランスさを感じてしまう。

中国人留学生はもう少し思い切った、インディペンデントな研究や発信ができないだろうか。正々堂々と持っている実力を発揮して欲しい。教授陣に媚びるだけでなくて。さもないと、ハーバードに留学する中国人留学生は、これからもアメリカ人教授の〝スパイ〟としての地位に甘んずることになるだろう。

同コラムの中で、僕は大体このような分析を主張したが、Wさんは以下のようなフィードバックをしてきた。

「まあいつもながら加藤さんの論考は大胆というか、コントロバーシャルだよね（笑）。ハーバードにもいろんな中国人留学生がいる。一括りにはできない。たとえばビジネススクールの学生。とにかくアグレッシブだし、カネがすべてという感じ。私と加藤さんみたいに、互いの思想を交換しあうようなミーティングをビジネススクールの学生は好まない。カネにならないし、数量化できないから」

なるほど。確かにそうだろう。ただハーバードビジネススクールの学生は、大方そんな感じだ。中国人留学生だけが例外なのではない。

僕はハーバードで学んでいる中国人留学生がどういう問題意識と価値観で、どんな生活を送り、アメリカと中国をどう認識し、これからどこへ向かおうとしているのか、といったテーマに関心があった。中国の将来や米中関係の動向を左右しうる重大、且つ不確定なファクターだと考えているからだ。目の前に座っているWさんとは、こういった問題を議論したかった。お互いボストンを離れるのだし、〝最期〟はお互いしんみりしながら、突っ込んだ議論ができると踏んでいた。

相互監視の論理の下で

「ケネディスクールの学生はどう？」

僕は続けて質問した。

「ケネディスクールの学生は、ビジネススクールの学生とは大分異なるよ。公共政策を学んでいるだけあって、社会問題にも関心を持って、各国の強者たちと日々議論している。中国問題は広く関心を持たれているしね。ただ、ケネディスクールの中国人学生もいろいろだよ。私みたいに党組織で働いていた人間もいれば、外資系企業で働いていた人、学部生を卒業してそのまま来た人、いろいろいる」

1年間在籍していたこともあり、ケネディスクールの中国人留学生とは比較的頻繁に交流していた。〝尖閣危機〟に関する日中対話を司会したこともあった。日中関係、中国政治、いろんな問題を議論してきたが、彼ら・彼女らがかなり顕著に中国の国益や面子に執着する傾向を感じていた。特に複数の中国人留学生が一緒にディスカッションに臨んでいる状況下では、みんな一致団結して中国の国益や面子を守ることに徹する。中国共産党の戦略や政策の「正当性」を主張すべく、ありとあらゆる主義主張を徹底して繰り返す。

言葉は悪いが、「相互監視」の論理がハーバードで学ぶ中国人留学生、特に国益や政策の議論になりやすいケネディスクールでは蔓延っているのではないか。さすがに当事者であるWさんに、「相互監視」などという文化大革命時代の政治用語を使って質問するのには、若干躊躇があったし、党組織で働いていたWさんが正面から答えてくれるかも定かではなかったが、思い切って聞いてみた。

敏感な議論はリスクでもあるが、互いの距離を縮めるチャンスでもある。

「あのさ、Wさん、ちょっとセンシティブかもしれないんだけど……」

Wさんが笑顔で僕に言葉をぶつける。

「いいよ、何でも聞いてくれ。気を遣わなくてもいい。今日は僕と加藤さんしかいないんだから」

僕は、気さくなWさんのリラックスした表情を確認すると、問題意識をできるかぎり正確に、簡潔に言語化すべく切り出した。

「それじゃあ率直に聞くけれど、ここで学ぶ中国人留学生は相互に監視をしているよね？　外国人の前では決して〝政治的に不正確〟な発言をしない。つまり、共産党の立場や主張に反することを口にしないということ。むしろ国内にいるときよりも慎重に、保守的になっている気がする。誰がどこで聞いているかも分からないし、仮に反体制的な発言をして、第三者が国内の関連組織に告発すれば、その人は二度と国内の有力組織で働けないばかりか、公安機関の監視の対象になってしまう可能性すらある。生きていくのが困難になる。みんながみんなそういう潜在意識で周りを警戒するからこそ、ケネディスクールの中国人留学生からは〝本音〟が聞こえてこない。Wさんはどう感じている？」

僕の意見に特に警戒心をにじませるわけでもなく、笑みを浮かべながら聞いていたWさんがゆっくり口を開く。

「そう言われてみれば、確かにそうかもしれない。どこで誰が聞いているかもわからないし、公安の息がかかっている人間がケネディスクールに入り込んでいる可能性だって十分にある。外国人、特に外交関係で緊張関係にある日本からの留学生との議論はもちろん、中国人留学生同士の会話でもみんな本音は言わない。何者かに足元をすくわれることを恐れているからだ。今振り返ってみれば、この場所で祖国の同胞たちと突っ込んだ、深い議論ができた試しがない。みんな相互に警戒しあっているから、結局は表面的な話で終わってしまう。あるいは、トランプをしながら進路の話をするくらいだ」

Wさんの語気から、あからさまに日頃溜まった緊張感というか、本音を言えないストレスを吐き出している様相を僕は感じ取っていた。

「こうして加藤さんと議論するほうが何倍もリラックスして、思ったことを正直に話せる。ハーバードに来てから、ここまで忌憚のない議論ができたのは初めてだ。私は加藤さんとの議論から多くを学ぶことができている」

うれしくなることを言ってくれるではないか。僕は少し照れくさくなり、こちらこそ、と手を合わせ、小さくお辞儀をした。

ただ、Wさんが口にしたことは良くも悪くも真実だと思う。そして、だからこそ僕のような、これまで中国で、中国現地の人と、中国語で付き合い、ガチンコで議論してきた、特定の組織に所属するわけではない「個人」の存在価値があるのだ。日々監視や抑圧に囲まれた、極めて政治的な環境で過ごすことを余儀なくされる中国人たちが、同胞とも本音でコミュニケーションを取れないエリートたちが、膿のように溜まった感情や思考をおもいっきり吐き出してくればいい。それを受け止めることが僕のミッションだ。

僕はそう考えてこれまでも中国語を訓練してきたし、彼ら・彼女らに自然体で自己表現してもらえるような受け皿というか、交流のカタチというか、在り方を追求してきたつもりではある。

崩壊リスクと隣り合わせの人生

Wさんとの〝最期の議論〟では、「ハーバードにいる中国人」だけでなく、「習近平体制はどこへ向かうのか?」についても率直に意見交換ができた。

「習近平は反腐敗闘争を掲げているが、ちょっとやり過ぎではないだろうか? 共産党内の習近平本人に対する不満も爆発しているし、不協和音が見られる。社会に対する締め付けも強化している。これが逆に社会を不安定化する作用を及ぼしてしまっている。政権は10年間持つのだろうか?」(加藤)

「しかし、権力を持った習近平だからこそ改革を実行できるという見方もできる。歴史的に見て、統治機構が腐敗に塗れると、人民はお上を信用しなくなり、正当性そのものが失われてしまう。下からの動乱を恐れているからこそ、まずは党内を清廉にすべく、官僚たちにプレッシャーを掛けるべく、いたる所にメスを入れているのだろう」(Wさん)

「Wさんから見て、中国は〝民主化〟すると思う? 選挙、言論の自由、司法の独立が制度的に確立された民主化を意味する。僕は中国人民が選挙を通じて自ら統治者を選択し、そこに責任を持つというカタチをどうしても想像できない。お上がしっかり統治している間は我慢し、問題が山積みになり、我慢を超えたら人民は立ち上がり、政権を転覆させる。幾度となく繰り

返されてきた歴史のロジックが中華人民共和国にも当てはまるのではないか？　歴史は繰り返すのではないか？」（加藤）

「う〜ん。難しい問題だな。グローバリゼーションの時代でもあるし、簡単に崩壊はできないだろう。世界が中国に崩壊を許すだろうか？　影響がデカすぎはしないか。ただ加藤さんの言うことも理解できる。民主主義はそう簡単に中国人のメンタリティには浸透しないし、政府も民衆も民主主義体制下でどう動いていいのか分からないだろう。ひとつ言えることは、私自身、一番関心を持っている問題が、中国が崩壊するかどうかということだ。中国が崩壊すれば、私や私の家族の生命や安全、財産も危機に瀕するかもしれないのだから。中国人は常に崩壊リスクと隣合わせに生きているんだ。大変なんだ」（Wさん）

崩壊リスク、か。

中国人からこの言葉を直接聞いたのは初めてだ。そうなのかもしれない。常に崩壊リスクと隣合わせという人生。自らの言動が原因で生涯を棒に振ってしまうかもしれない境遇。そんな時代的環境で生きているからこそ、彼ら・彼女らは政治を語ることに慎重にならざるを得ないのだ。常に「相互監視」をせざるを得ないのだ。僕のような「部外者」には一生分からない恐怖感と緊張感を抱いて、中国人は生きているのだろう。中国人のことを分かった気になっては決してならないのだ。

「逃げ道はないんだ。私が中国人であるかぎり。中国国内だろうと、アメリカだろうと、反体制的な言動を取れば、何処にいようが共産党当局に捕まってしまうんだよ。共産党の監視の網は世界中に広がっている。宇宙も含めてね（笑）」

僕は腕を組みながら、背中を少し後ろに倒しながら、静かにWさんの主張に聞き入っていた。正直、返す言葉が見つからなかった。僕が何を返そうと、Wさんの気持ちが分かるわけではないし、中国人の生き方を共有できるわけでもないのだから。

ただ、Wさんが僕というひとりの「個」に対して、おそらく限りなく本音に近い言葉で心境を語ってくれたことが嬉しかった。久しぶりに生きた心地を実感することができた。と同時に、生涯をかけて中国と向き合い、中国人と付き合っていくと決めている僕にとって、己のアプローチを再考する機会にもなった。

言うまでもなく、激動の時代・環境・人生を生きる彼ら・彼女らが本音ベースで、日頃の思いを爆発させてくれればくれるほど、僕は中国・中国人にまつわる〝真実〟を少しでも多く、深く知ることができるようになるのだ。

- 中国人と対等に会話をするための中国語とコミュニケーション術。
- 中国人に信頼してもらうための独立性と人間力。
- 中国人からの尊重を得るための実績と思想。

これらを絶えず鍛えていかなければならない。彼ら・彼女らと少しでも深く会話をし、その過程で信頼と尊重を得るためには何が必要か。僕はそれを考えて日々過ごしてきたし、これからも考えていく。僕は無知で未熟だ。イメージする理想形の50％も達成できていない。道のりは果てしなく、気の遠くなるような作業だが、ボストンを離れる直前にWさんと実践した最期のコミュニケーションから、僕が取り組んできたことの意義や価値が、自分の中で少しだけ明瞭になったような気がする。ボストンに来てから初めて味わう、カタチのない安堵感が僕を包み込んできた。

新たに芽生えてきた感覚

時刻は午後6時。そろそろ店を出て、それぞれの帰路につこうかということになった。帰り際、Wさんが質問をしてきた。

「そうだ、聞いてなかった。加藤さんのハーバードでの最大の収穫は？」

ハーバードでの収穫。

僕の中ではもう整理がついていた。

仮に60年生きるとして、僕はこの地で人生の30分の1の時間を送ったことになる。

寿命とか生死の話をすることに、僕は躊躇しない。3歳のとき交通事故に遭って、命を失いかけた。いつ何が起こるか分からないことを、僕なりに身をもって体験した。27年前のことなんて何一つ覚えていない。あのとき車にぶつかった瞬間以外は。

26歳のとき父親をすい臓がんで亡くした。命が如何にはかないものか。身近に感じて来たつもりだ。だからこそ、僕は10年後、20年後、30年後、自分がどうなっているか、自分がどうありたいかという視点から、安易に人生を設計したくない。逆算で人生を数えたくない。その日その日に集中すること。その中で、頭の片隅で常に未来の方向性をイメージすること。努力し続けること。感性を信じ、磨き続けること。

努力、感性、方向性。

人生を生き抜くためには、これで十分だと思っている。ほかはすべて副次的な要素。これ以外のことにイチイチしがみついて、いろいろ考えていたら、その日その日に集中できなくなる。そもそも、地位や安泰を考えているようなら、いまの僕はない。危なっかしく、半人前で、問題だらけの僕は。

死ぬことなんて怖くない。朝起きることのほうが何倍も怖い。

「今日死ぬ気で生きないと、明日は来ないぞ。簡単に明日が来るなんて思うな。分かっているのか、貴様。手を抜いたら、妥協したら、ただでは済まさないからな」

北京にいた頃は、毎日こういう意識で朝起きて、もう一人の自分に襲われる恐怖と隣合わせに生きていた。そして、僕なりに使命感も抱いた。日中関係に関しては、「加藤嘉一、貴様が死ぬ気でやらないと、日中関係は崩壊するぞ」、これくらいの気持ちで日々できることを考え、すぐに行動した。前のめりにもなったし、時に手段を選ばないこともあった。いま振り返れば、独りよがり、勘違いもいいところと思ってしまうけれど、その時の自分はそんな自分を信じて、全力で闘っていた。失敗もたくさんしたし、過ちもたくさん犯した。ただ、失敗と過ちにまみれた加藤嘉一だって、加藤嘉一そのものだ。周りがなんと言おうと、どれだけ蔑まれようと、そのときの僕はそのときできることに全力で取り組んだ。

反省はたくさんあるけれど、後悔はひとつもない。

「明日死ぬかもしれないんだ。今日できることをしよう」

毎日起きるのが怖かった。何度お父さんに会いに行こうと思ったか分からない。ただ恐怖心と使命感に駆られ、それだけで己を突き動かしていた北京時代。渡米後も、恐怖と隣合わせの日々が続いたことには変わりなかった。朝起きるのが怖い。昨日も、今日も、そして明日も。しかし、使命感とは性質の異なる、新たに芽生えてきた感覚もあった。

それこそが、ハーバードでの一番の収穫、だった。

使い捨てにされる世界

ハーバードに来て2年近くが経つが、〝見せ場〟は創れなかった。講演もした。プレゼンもした。議論もした。執筆もした。取材も受けたし（中国の時の100分の1くらい）、取材もした（中国の時の10分の1くらい）。やることをやっていなかったわけではなかった。僕なりに、見知らぬ土地でいろいろトライしたし、前章で言及したような、ハーバードで実践したい三つのミッションを追求すべく、僕なりに努力した。

しかしながら、見せ場は創れなかった。

一番印象に残っているケースのひとつが、白人教授たちのサークルに食い込めなかったことである。

僕はハーバードに来て、アメリカの戦略家たちが中国問題をどう認識しているのかを知りたかったから、渡米後、割と早い段階で、なんとかしてハーバードやMITなどの教授たちにコンタクトを取り、会ってもらえるように戦術を考えた。

蓋を開けてみると、こちらからコンタクトを取る必要がないくらい、向こうからアプローチしてきた。戦略的に、自らの利益のためだけに行動し、冷徹なまでにプラグマティックな白人教授たちは、「加藤嘉一という、外国人として中国社会に入り込んだ輩」に目をつけ、サークル内で情報を共有し合い（決して表にはださないが）、静かにアプローチしてきた。僕としても、こちらからいろいろ試行錯誤を重ねてコンタクトを取る手間が省けたからラッキーと思ったし、中国での経験がハーバードでも生きたと認識できて、舞い上がりもした。

中国政治や日中関係について、毎回1時間くらい議論をした。誤解を恐れずに言えば、「目からうろこ」的な観点や分析に出逢ったことはほとんどなかった。Wさんや北京大学時代のクラスメートのほうがよっぽど手ごわかった。ハーバードやMITといった有名大学で中国問題を研究しているのだから、中国語は少なくとも僕レベル、中国理解や分析、中南海の情報に関しても僕なんかよりは数十倍も長けていると予想して挑んだが、特別な印象は抱かなかった。インパクトのある、新鮮な情報や見方にも出会わなかった。公開情報・分析の範囲を出なかった。それなら無理して会う必要もないじゃないか、そんなふうにも思った。シャイな僕はそもそも人に会うのが苦痛なのだから。

教授たちが僕に対して表現しなかっただけなのかもしれない。だとすれば、彼らに本音を語らせることができなかった僕のキャパシティの問題であり、イチから出直そうと思う。

僕自身といえば、ボストン地域における中国問題専門家サークルに少しでも食い込みたかったから、出来る限り余すところなく、観察や分析を率直に伝えた。説得力をもたせようと懸命だった。彼らは平常心を保ちながらも興味津々で僕の話に聞き入っていたし、コミュニケーションをする過程でそれなりに手応えもあった。

ただ、しばらくすると、予想外のことが起きる。次第に疎遠になっていってしまったのだ。大体5～6人の教授たちと定期的に会っては意見交換をするようにしていたが、だんだん相手のレスポンスが悪くなっていき、相談のメールを出してもはぐらかされたり、返事が返ってこなかったりするようになった。

修士論文で書いた《ネットナショナリズムが中国対日外交へ及ぼす影響》と、ここ数年実行している《中国民主化研究》をアップデートした論考を英文で発表するか、影響力のある学者や政策関係者が集まった場所でプレゼンしたいと思い、数人の教授に相談に行った。彼らは僕の分析や視点に関心を示し、あらゆることを聞いてきた。たくさんメモをとっていたし、僕に逆取材してくるときは、「そんな分析はこれまで聞いたことがない。とても新鮮だ。アメリカのアカデミアもみんな興味をもつよ」と言って歩み寄ってきたが、具体的な手続き、たとえばどの場で発表するか、という話になると、急にメールが返ってこなくなったり、セミナーで偶然会って、「この前の件はどうなりましたか？」と丁重に伺っても、「ああ、いまいろいろ動いているよ」とかはぐらかすだけで、現在に至るまでまるで進展がない状況だ。

このことを、僕が心から信頼していて、ハーバードでもお世話になった同僚に相談すると、彼は単刀直入にこう言ってきた。

「使い捨てされたんだよ。君から聞けることはすべて聞いた。絞り尽くした、汁の無くなったレモンに用はないということだ。ここはそういう世界なんだ。みんな加藤さんのことは評価しているよ。加藤嘉一という中国で有名で影響力のある人間に興味を持ち、近づき、情報や知識を取り、果実を取ったと思ったら、身を引いていく。そして、彼らが持っている権威や人脈は決して君と分かち合わない」

感じてはいたものの、結構ショックだった。

実際、半年くらい居てみると、ハーバードが如何に官僚主義的で、権威主義的な場所かがわかってきた。僕が親しくしていた、中国プロジェクトを統括する立場にあるチャイニーズアメリカンがこんなことを言っていた。

「ここはとにかくお役所的。新しいことを始めようという意識が全くない。私が何か提案しても、前例がないとか、成功確率が低いとか、頭の硬い保守的な教授陣は決して自分からリスクを取らない。そして、自分の縄張りを荒らす可能性のある人物は必ず潰していく。加藤さん、私から見て、あなたは彼らの縄張りを荒らす脅威だと思われたのですよ。中国人と同じ中国語を話し、中国の体制や世論にも食い込んでいる、若くて勢いのあるあなたをサークルに入れることを危険だと彼らは感じているのです。彼らの中にあるブラックリストに入ってしまったのですよ」

僕は別にアメリカ人教授と勝負に来たわけではないし、彼らの縄張りを荒らすつもりなど毛頭ない。そもそも彼らの縄張りがどういうもので、どう構成されているかも理解していない。

僕はただ、少しでも彼らの中国観を理解して、僕が自分なりに蓄積してきたものを表現したかっただけだ。それが生涯にわたって続ける中国研究・発信に役立つと判断したからだ。

結果、サークルに食い込むことは出来なかった。

いろいろ背景や事情があるにせよ、僕の力不足だった。それがすべて。努力や工夫が足りなかった。何かが欠けていた。

使命感と無用性の両立

コンディション的にも無理があった。激動の時間を過ごした中国からアメリカに来て、「ここではあまりぶっ飛ばさず、静かに過ごそう」という意識が常に心の何処かにあったから、死ぬ気で、全力でアメリカ人教授にぶつかっていこうという気合が薄れてしまったことも否めない。北京時代の勢いと気迫でぶつかろうともしなかった。相手の土俵で見せ場を創るには、相手の懐に入り込まないといけないことは、中国時代の経験からも痛いほど分かっていた。でも、ハーバードでは、相手の懐に入ることが出来なかった。そのための努力も気迫も工夫も欠けていた。

結果、見せ場を創れなかった。中国時代との落差を痛感した。やりきれない思いにもなった。生きた心地がしなかった。でもしょうがない。それが僕の実力なわけだし、一切の言い訳は許されない。
ただひとつだけ得たものがあった。
作家の村上春樹さんが1991年から2年半、プリンストンに滞在した時代のことを綴った『やがて哀しき外国語』（講談社文庫）のなかで、こんなことを言っている。

ヨーロッパにいたときもそうだったけれど、長く日本を離れていていちばん強く実感するのは、自分がいなくても世の中は何の支障もなく円滑に進行して行くのだなということである。僕という一人の人間が、あるいは一人の作家が日本からふっと消えていなくなっても、そのことでとくに誰も困らないし、とくに不便も感じない。決して拗ねているわけじゃなく、「結局俺なんかいてもいなくても、どっちでもいいんだよな」と思う。考えてみればこれは自明の理で、人間が一人増えたり減ったりしたくらいで世の中が混乱していたら、世の中が幾つあったって足りない。しかし日本で生活して、自分の役割のようなものに毎日忙しく追われていると、そういう自分の無用性のようなものについてじっくりと深く考え込んでいるような暇がないのも確かである。

（あとがきより抜粋）

自己の無用性。

まさに僕がハーバードでいちばん強く感じたことだ。僕ごときがいなくなったって、この世界は普通に廻っていく。仮に僕が消えてなくなっても、何事もなかったかのように、世の中は動いていく。みんな自分や家族の生活に精一杯で、他人のことに思いを巡らすのなんてほんの一瞬だ。

先日、ある集まりの席で、ハーバードに来たばかりの頃頻繁に会っては議論をした教授とばったり逢った。挨拶をすると、先方は笑顔で「はじめまして」と返してきた。僕は感情的にならなかった。「あの、以前お会いした……」とは迫らず、笑顔で「はじめまして」とレスをした。そんなもんだ。それでいいんだ。

前述したように、中国では、「自分が動かなかったら日中関係が崩壊する」と本気で思っていた。そんな信念に従って日々動いた。

渡米後はそんな感覚を抱くことは結局できなかった。求めてはいたけれども、環境が僕にそれを許さず、逆に「自己の無用性」を心身に刻みこむように強要してきた。

無知で未熟な僕にとっては、でっかい岩石をくらったような心境だったけれど、いま振り返ってみれば、「無用性」というものを感じさせてくれたアメリカ、ハーバード、そして、僕を使い捨ててくれた白人教授たちに心から感謝したい。

この社会はいろんな人たち、文化、要素で成り立っている。一人の人間の意思や行動によっては動かしようのない何かがある。だからこそ制度や価値観といったファクターが生命力を持ってくる。人間はそれらと共存していく必要がある。使命感だけでは生きられない。無用性を知らなければ、生きていけない。それが人類社会というものであり、人間としてそこを生き抜くための知恵でもあるのだ。

そんな一見当たり前の道理を、この地で教わった気がする。

でも、僕は中国で闘うなかで抱き続け、追い求め続けた「使命感」という産物を否定しはしない。「使命感」を追求してこその人生。走り続けることの意味のひとつがそこにあると思う。

でも、「使命感」だけでは足りない。疲れてしまい、燃え尽きてしまうかもしれない。それでは本末転倒だ。必要以上に自分を追い込んだり、自分に過度の責任や自覚を課したりすることで、却って方向性を見失ったり、生きることそのものにうんざりしてしまったりするかもしれない。自分から希望を絶望にすり替えてしまうかもしれない。

いま少しだけ落ち着いて中国での日々を振り返ってみると、「使命感」をバランシングする何かが必要だったように思える。もう少し肩の力を抜いて、生きていくことに緊張しすぎず、逆に生命を愛せるような何かを。

そんな何か。

それが、僕がアメリカで見つけた「無用性」なんだと思いたい。正しいかどうかはわからないけれど、少なくとも僕の中では、「使命感」をバランシングして、加藤嘉一がこれまでよりももっと健全に、いい意味で長く闘えるようなコンディションを堅持するための秘密兵器。

「自己の無用性」を意識的に意識するようになると、僕の中に、生まれて初めて「生活」（ライフ）という概念が浮かび上がってきた。

ご飯を作り、掃除洗濯をし、買い物に行き、家の近くを散歩し、時にぼおっとして、時にふらっとカフェに立ち寄って、チャールズ川を無心で走って……。

「使命感」と「無用性」の両立。

僕が30歳になったいま、己に捧げたい小さなプレゼント。

「加藤くん、前より人間っぽくなったね。肩の力が抜けていていい。将来、ボストンで生活したこの2年間を思い出すときが来るでしょう」

僕を昔から知っている人生の先輩が、嬉しそうにこう言った。

さらばボストン、ありがとう。

最後に、2013年4月15日、ボストン・マラソン開催時に発生した爆破テロ事件にて亡くなられた方々に、謹んで哀悼の意を捧げます。

©マイアミ　2012

おわりに

そして、これから祖国とどう付き合うか

以前、NHKの「エル・ムンド」という番組に出演させていただいたことがある。〝エル・ムンド〟とはスペイン語で〝世界〟を意味する。

司会のアンディから「加藤さんにとって、〝エル・ムンド〟とは何ですか？」と聞かれた。僕は少しだけ考えて、こう答えた。

「自分が日本人であることを再確認する場所のことです」

18歳で日本を飛び出したのは、僕なりに〝世界〟を見たかったからだ。僕にとっての〝世界〟を求めたかったからだ。

あれから10年以上が経った。

中国、アメリカと渡り歩くにつれて、僕なりの世界観は広がっていくと同時に、狭まってもいった。いろんな場所を見て、感じれば感じるほど、僕は自分が日本人であることを意識するようになった。

〝世界〟が広がりながらも、狭まっていくとは、そういう意味である。

日本のパスポートはありがたかった。

どこへ行くにも基本的にはノービザで入れる。僕は中国での生活が長かったから、中国の人たちが海外へ赴く度にビザを獲得するのに大変な思いをしていたのを間近で見てきた。だから、自分が日本人として生まれ、日本人として生きていることが如何に幸せで、尊いかを余計に感じたものだ。

しかし、仮に僕がとっても便利な日本のパスポートを外国の人に見せびらかしたり、他の日本人と「これ便利だよな」と言い合うのだとしたら、それは大間違いだ。なぜなら、このパスポートは僕が自らの努力で勝ち取ったものではないからだ。祖国の先人たちが汗水垂らして、必死に働いてきた結晶。

それこそが日本国のパスポートだ。

3年前の冬、エルサレムを訪れた。

イスラエル当局はテロを警戒してか、何処に行っても厳重な警備が敷かれていた。市の中心に位置するバスターミナルに入ろうと入り口に向かうと、複数の黄色人種が警察と揉めていた。中国人だった。手荷物をやや強引に、きめ細かく調べようとする警察にしびれを切らしたのか、身元を調べることを嫌がったのか、中国人たちは大声を出して、警察に文句を浴びせていた。

そんな中国人たちを横目に、入り口へと向かうと、緊張感と警戒心を漂わせる警察官が僕に近寄ってきた。ちょっとだけビビったが、冷静を装ってポケットからパスポートを取り出して示すと、先方は自分から斜め後ろにステップバックし、荷物を確認することもなく、僕をターミナルの中に入れてくれた。

自分が日本人であるという事実の恩恵を、身をもって体験した瞬間だった。

そう、僕の手元にあるこのパスポートは、決して空から降ってきたものなんかじゃない。天からの贈り物でもない。そうではなくて、極めて人為的な産物だ。第二次世界大戦後、敗戦国として国際社会に復帰した日本を死に物狂いで支え、成長を促してきた祖国の先輩たちが勝ち取った信用だ。だからこそ、いまの日本がある。いまの日本人がいる。

そのことを、僕の世代、僕よりも若い世代は忘れてはいけない。目の前にある光景や境遇、自らを取り巻く社会や環境を当たり前だと思ってはいけない。

祖国を飛び出してからの日々の中で、僕はそう考えるようになった。日本に生まれたことに嫌悪感しか覚えなかった自分が、日本人であることに誇りを持てるようになった。日本のために何かしたい、日本人が国際社会で、未来に向かって、のびのびと、誇りを持って生きていけるように、自分も献身したい。

僕にそう思わせてくれたのが〝世界〟だ。

「外交と教育」＝ソトと付き合う中で、ヒトを育てること。

これから僕自身が祖国・日本と付き合う過程で、自らのポテンシャルや経験をもって祖国の発展に資する動きをしていきたいと思える分野だ。21世紀の世界を生き抜くために、日本人はこれまで以上に〝ソト〟と〝ヒト〟を意識した日々を送らなければならなくなるだろう。政府も、社会も、そして個人も。

少子高齢化の問題、財政再建の問題、移民の問題、社会保障の問題、TPPの問題……どれをとっても、外交と教育が密接に絡んでくる。

〝ソト〟と〝ヒト〟という観点からすれば、日本・日本人にとって、米国と中国という2大国の行方をどう理解するか、そして日本人がこの2大国とどう付き合うか、という問題が核心になるだろう。

僕は中国と米国が日本にとって如何に重要か、これからどれだけ重要になっていくか、という未来予想図を描いた上で祖国を飛び出したわけではない。18歳の加藤嘉一少年にとっては、最大で次のようにイメージすることが精一杯だった。

「中国これから大事になるだろうなあ。アメリカもいずれ行ってみたいなあ」

この程度である。

しかし、幸いにして、中国で9年半、米国で2年、曲がりなりにも過ごしてきた過程で、外交と教育という分野、〝ソト〟と〝ヒト〟という二つのファクターに立脚しつつ、「日本人は米中の狭間でどう生きようか」という未来の問題を明確に意識し、思考するようになった。

●日米同盟をどう深化させつつ、日本の安全と繁栄を守っていくのか？
●不透明に台頭する中国とどう付き合うのか？
●中国市場でのビジネスを如何にして日本経済の〝再生〟に活かすのか？
●日本で学ぶ中国人留学生とどう向き合い、共生の道を探るのか？
●日本は国内市場をどこまで開放するのか？　そして、何を閉じるのか？
●米国の大学で行われている中国議論に日本人としてどう挑むのか？
●TPPで米国と歩調を合わせつつ、日中経済関係をどう盛り上げるのか？
●日本の若者は英語、中国語どちらを、あるいはどちらも学ぶべきか？
●新しいタイプの米中関係に日本国としてどう絡むのか？
●日本は米中に何を輸出し、何を輸入するのか？
●アメリカ人でも中国人でもない、日本人にとっての豊かさとは何なのか？

僕たちは、日本の未来・日本人の生き方に直結するこれらの問題に対する解を持ち合わせているだろうか。いますぐ回答しなければならないわけでは決してない。でも、それは僕たちがこれらの問題に向き合わなくていいことを意味しない。

僕は比較的若くして、中国と米国という、日本の未来・日本人の生き方にとって重要な二つの国家・社会を自分の眼で見て、自分の脚で廻る機会をいただいた。祖国の先輩たちのおかげだ。日本のパスポートのおかげだ。

これからは恩返しをしていかなければならない。

僕なりに、「教育と外交」「米国と中国」を意識しながら、愛する祖国にとっての平和と繁栄という問題に向き合っていきたい。そして、もっと日本を愛したい。

まだまだ分からないことだらけだし、僕は無知で未熟だけれど、自分なりに見つけた祖国との付き合い方を、これからじっくり掘り起こしていきたい。

本書を作成するプロセスは、そのための下準備だった。

最後に、本書を執筆する過程において、僕の指導教官を担当してくださった晶文社の安藤聡さんに衷心より感謝の意を申し上げたい。安藤さんがいたから、僕は本書の執筆を心に決め、挑むことができた。安藤さんは未熟な僕を見つめ、支え続けてくれた。いつも優しく、ときに厳しく。安藤さん、ありがとうございました。そして、これからもご指導ご鞭撻のほどよろしくお願い致します。

加藤嘉一

2014年6月23日　米マサチューセッツ州ケンブリッジの自宅にて

著者について

加藤嘉一
かとう・よしかず

1984年静岡県生まれ。2003年、高校卒業後に単身で北京大学へ留学。同大学国際関係学院大学院修士課程修了。日本語・中国語・英語の3カ国語でコラムを書く国際コラムニスト(米ニューヨーク・タイムズ中国語版、英フィナンシャル・タイムズ中国語版、The Nikkei Asian Review、ダイヤモンド・オンラインなど)。北京大学研究員、復旦大学新聞学院講座学者、慶應義塾大学SFC研究所上席所員(訪問)を経て、2012年8月に渡米。ハーバード大学ケネディスクール(公共政策大学院)フェロー、同大学アジアセンターフェローを経て、現在米ジョンズホプキンス大学高等国際問題研究大学院客員研究員。日本での主な著書に『中国人は本当にそんなに日本人が嫌いなのか』(ディスカヴァー・トゥエンティワン)、『われ日本海の橋とならん』(ダイヤモンド社)、『脱・中国論　日本人が中国とうまく付き合うための56のテーゼ』(日経BP社)、『「不器用」を武器にする41の方法』(サンマーク出版)などがある。中国語での著書も多数。中国版ツイッター(新浪微博)のフォロワー数は150万以上。2010年、中国の発展に貢献した人に贈られる「時代騎士賞」を受賞。世界経済フォーラムGlobal Shapers Community(GSC)メンバー。中国のいまと未来を考える「加藤嘉一中国研究会」が活動中。

趣味はマラソン。オフィシャルサイト katoyoshikazu.com

たった独《ひと》りの外交録《がいこうろく》——中国・アメリカの狭間で、日本人として生きる

2014年10月20日　初版

著者　加藤嘉一

発行者　株式会社晶文社

東京都千代田区神田神保町1-11
電話　03-3518-4940(代表)・4942(編集)
URL http://www.shobunsha.co.jp

印刷・製本　中央精版印刷株式会社

ISBN978-4-7949-6857-9 Printed in Japan